世界の美しい本

世界で最も美しい本コンクール　入選作品コレクション
Best Book Design from all over the World

JN234927

世界で最も美しい本コンクールについて

Best Book Design from all over the World International Competition／
Schönste Bücher aus aller Welt Internationaler Wettbewerb

美しい本を希求する心は、いつの時代、どこの国の人々の中にも存在していました。しかし、「美しい」という価値観は百人百様、さまざまな意見を集約するには、一筋縄ではいかない難しさがあります。そうした、選び出す困難にも関わらず、美しい本（あるいは「素晴らしい本」）を選び出すコンクールは各国で開催されています。

現在、世界でただ1つの国際ブックデザインコンクールとして知られる「世界で最も美しい本コンクール」は、こうした、各国で開催されるコンクールの入選図書を対象としたコンクールです。

概要

世界のブックデザインの質を比較するとともに、ブックデザインについての意見交換の場、フォーラムを目指して、ドイツエディトリアルデザイン財団、ライプツィヒ市、ドイツ書籍取引業組合、ドイツ国立図書館、フランクフルト市の5者が主催するこのコンクールは、毎年ドイツ東部の古都ライプツィヒで審査が行われています。

審査対象となるのは、各国のブックデザインコンクールで入選した本で、それぞれの主催団体に応募資格があります。現在、世界では30強の国々で自国のコンクールが開催されており、ライプツィヒには、例年30前後の国からの応募があります。

審査を行うのは、タイポグラファーやデザイナー、イラストレーター、印刷・製本・出版に関わる専門家、キュレーターなど、世界各地から財団によって毎年新たに招聘される7名です。

例年2月に行われる審査によって、毎年の「世界で最も美しい本」14点が選出され、3月のライプツィヒ・ブックフェアで授賞式が行われます。

会場では、受賞図書とともにすべての応募図書が公開され、訪れた人は、実際に本を手にすることができます。また、10月のフランクフルトブックフェアでも公開され、その後、これらの本はすべて、ライプツィヒの国立図書館に併設されているドイツ本と文字の博物館に寄贈されます。

審査

各国のコンクール主催団体により応募された本は、国ごとにまとめられ、リストとともに審査員に提示されます。現在は毎年600点前後の応募があり、2011年は32カ国（*1）から、前年度のコンクールで入選した596点の本が寄せられました。審査員はこれを、2月最初の金曜と土曜の2日間、終日かけて審査します。

初日は、審査員の個人審査にあてられ、それぞれがすべての応募図書に目を通し、翌日の合議による2次審査のための14点を選びます。短い休憩を挟みつつもおよそ10時間続く審査、しかも内容も言語もバラバラな本の審査はとても体力と集中力を必要とする作業です。

この審査で一番注目される点は、オブジェクトとしての美しさと実用性との兼ね合いです。それは例えば、本のサイズと用紙、製本方法の関係であったり、図像と文字の割合から判断されるタイポグラフィ、印刷との関係などといったデザインとしてのまとまり、それから最も重要な、全体から醸し出される雰囲気。

場面が世界に移ったからといって特別な評価基準があるわけではありませんが、これらの本はすでに、内容とデザインとの関係性や技術的な部分に関しては各国の審査で評価を得ているので、この審査では最初から、造形的な部分のみに着目されます。審査員はすべての言語に精通しているわけではありませんが、逆に文字が読めないため、純粋にオブジェクトとして本を見ることができるとも言えます。

2日目は、初日の個人審査によって80点前後にまで絞られた本を対象に、1点ずつ、審査員全員によるディスカッションが行われます。それぞれが、選んだ本を全員にアピールし、それに対して議論を交わし、

多数決によってさらに本を選別していきます。

初日の審査を通過したすべての応募図書に対し、一通り議論と多数決を終えた段階で再度議論がなされますが、今度は残った本を互いに比較しながらの検討で、受賞にふさわしくない本を、先ほどとは逆に、多数決によって落としていきます。最終的に賞の数である14点(*2)になった時点で議論は終了し、それぞれの賞を決めて審査は終了となり、その年の「世界で最も美しい本」が決まります。

各国のコンクール

世界で最も美しい本コンクールに参加する各国のコンクールは、それぞれ異なる基準が設けられており一定ではありません。例えば、審査の厳しさは世界一と言われ、毎年必ずといっていいほどに受賞図書を送り出しているドイツの最も美しい本コンクール(エディトリアルデザイン財団主催)では、デザイナー、出版、編集、印刷、製本の専門家、計15人による、詳細な審査表に基づく2度の審査により、例年50−60点の本が選出されています(*3)。

応募条件は、最低20部以上の発行部数があり、本拠がドイツの出版者から発行されている、もしくは、製造工程の半分以上がドイツで行われていることですが、100%ドイツ国内で製造されている場合は、ドイツ国外の出版者の本でも応募が可能です。この条件が満たされている場合に、その本のデザイナー、出版者、印刷・製本などの製造者に、応募資格があります。

また、ドイツ同様に受賞の多いオランダの最も素晴らしい本コンクール(最も素晴らしい本財団主催)では、タイポグラフィに主眼が置かれ、デザイナー、出版、印刷などの5人の専門家により、例年30−33点の本が選出されています。応募の条件は、その本のデザイナー、出版者、印刷者のうちのいずれか最低2者が、オランダに本拠を置いていることです。

コンクールの開催目的も様々です。ほとんどの場合、造本やデザインの質を高めることを目指していますが、例えば、スイスの最も美しい本コンクールは、ブックデザインをより公共的なものに開いていくことを目的に、文化連邦局の主催で開催されています。

この国の審査の際に特に注目されるのは、イノベーションとオリジナリティで、ブックデザインおよび本の製造と流通に関わる5人の専門家により、毎年30点前後の本が選出されています。応募の条件は、その本のデザイナー、出版者、印刷者のうちのいずれか最低1者がスイスに本拠を置いていることです。

このように、ヨーロッパの近隣3国を見るだけでも、審査の方法や考え方が異なっています。そこからも想像できるとおり、各国のコンクールは、その国のブックデザインに関する歴史や立場、出版文化・産業を反映するものになっているのです。

展示

印刷博物館P&Pギャラリーでは、2006年に、世界で最も美しい本コンクールの受賞図書をまとめて紹介する世界巡回展「世界で最も美しい本 1991−2005」を開催しました。この展覧会は、1963年に旧東ドイツで始まった「世界で最も美しい本コンクール」が、東西ドイツ統一後の1991年に新制してからの受賞図書約200点を紹介したものでした。

その後2008年からは、毎年秋から冬にかけて開催する「世界のブックデザイン展」のなかで、その年の受賞図書を紹介しています。

(寺本美奈子　印刷博物館学芸員　2010年度世界で最も美しい本審査員)

(*1) 2011年の参加国は、オーストリア、オーストラリア、ベラルーシ、ベルギー、ブラジル、カナダ、中国、コロンビア、クロアチア、チェコ共和国、デンマーク、エストニア、フィンランド、ドイツ、イラン、日本、ラトビア、リヒテンシュタイン、リトアニア、オランダ、ニュージーランド、ノルウェー、ポーランド、ポルトガル、ロシア、スロバキア、スロベニア、スペイン、スウェーデン、スイス、台湾、ヴェネズエラ。

(*2) 賞は、最高賞である金の活字賞1点、金賞1点、銀賞2点、銅賞5点、栄誉賞5点の14点。

(*3) 2013年のコンクールからは、部門数、審査員の構成などコンクールの体制が刷新され、25点の本が選出されます。

Foreword はじめに —————————————————————————— 002

Best Book Design from all over the World
International Competition
世界で最も美しい本コンクール受賞作品 ————————————— 005

Germany ドイツ ——————————————————————————— 051
Die Schönsten deutschen Bücher　ドイツの最も美しい本

Netherlands オランダ ——————————————————————— 101
De Best Verzorgde Boeken　オランダの最も素晴らしい本

Switzerland スイス ———————————————————————— 143
The Most Beautiful Swiss Books　スイスの最も美しい本

Other Countries その他の国 —————————————————— 167

France フランス
Les Plus Beaux Livres Français　フランスの最も素晴らしい本

Czech Republic チェコ
Nejkrásnější české knihy roku　チェコの最も美しい本

United Kingdom イギリス
British Book Design and Production Awards　ブリティッシュ・ブックデザイン＆プロダクション・アワード

Austria オーストリア
Die Schönsten Bücher Österreich　オーストリアの最も美しい本

Australia オーストラリア
Australian Publishers Association (APA) Book Design Awards　APAブックデザインアワード

Canada カナダ
Alcuin Society Canada Book Design Awards　アルクインソサエティ・カナダ・ブックデザイン・アワード

China 中国
中国最美的书　中国の最も美しい本

Index 書名索引 ——————————————————————————— 204

本書では、世界で最も美しい本受賞作品のほか、世界各国の造本コンクールの受賞作品を国別に掲載しています。各国のコンクール受賞作品決定後、翌年2月に世界で最も美しい本が決定されるため、2007-2008年度の場合、本書では各国コンクールの受賞年が「2007年」、世界で最も美しい本受賞年が「2008年」と記載されています。

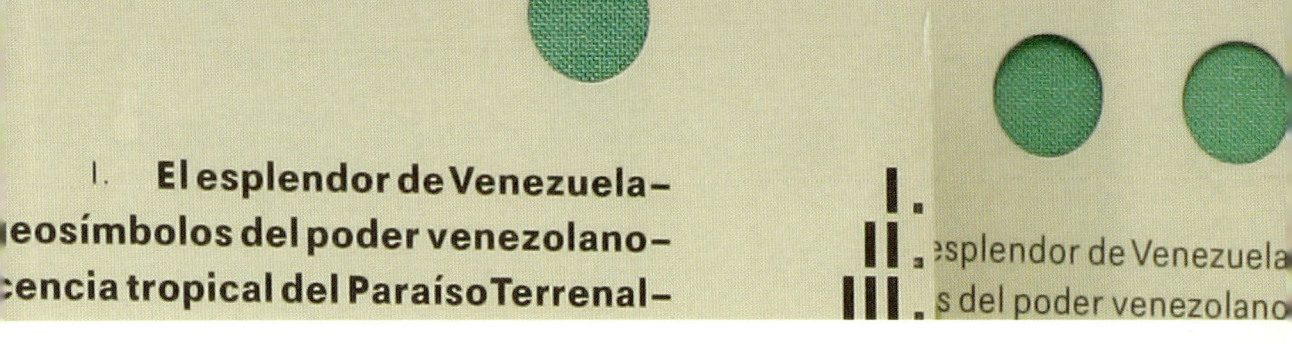

Best Book Design from all over the World
International Competition

世界で最も美しい本コンクール受賞作品

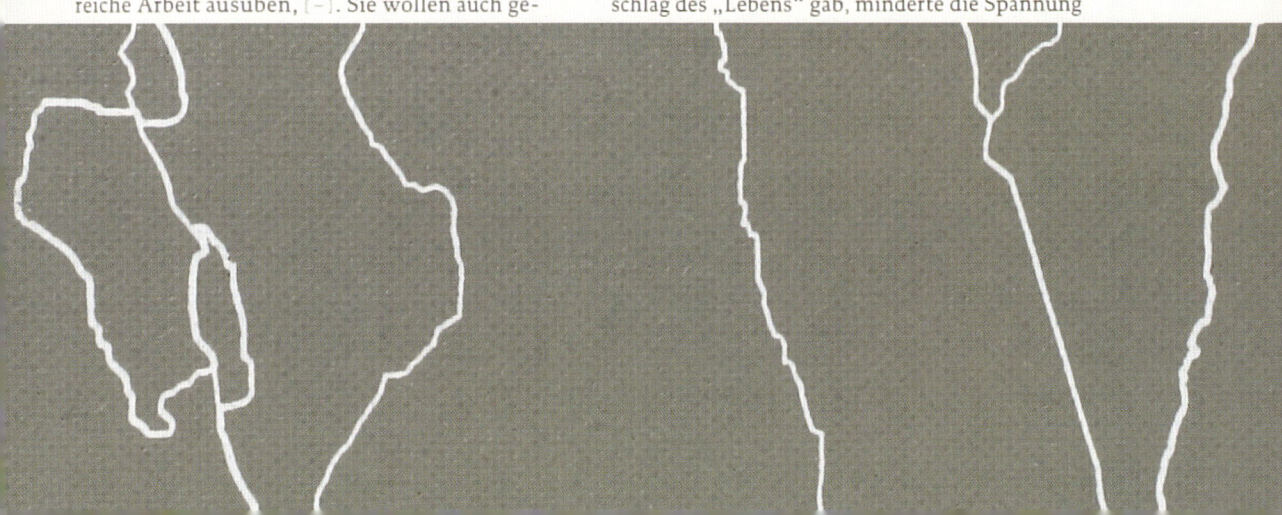

贅をつくしたデザイン作品集

デザイン事務所 The After が手がけた広告やグラフィックデザインの仕事をまとめた作品集。三方の小口に赤のメタリック箔押しが施され、赤い透明ケースをかぶせた非常に凝った造本。贅沢な装丁、見事な素材の選択が高く評価された。

受賞	栄誉賞
応募国	中国
書名	之后 The After Concept & Works Book（The After 作品集）
著者	Sun Naiqiang, Wang Lei, Wang Chengfu, Shi Changsheng
発行	Tianjin Yangliuqing Fine Arts Press, Tianjin
サイズ	255×216×40mm

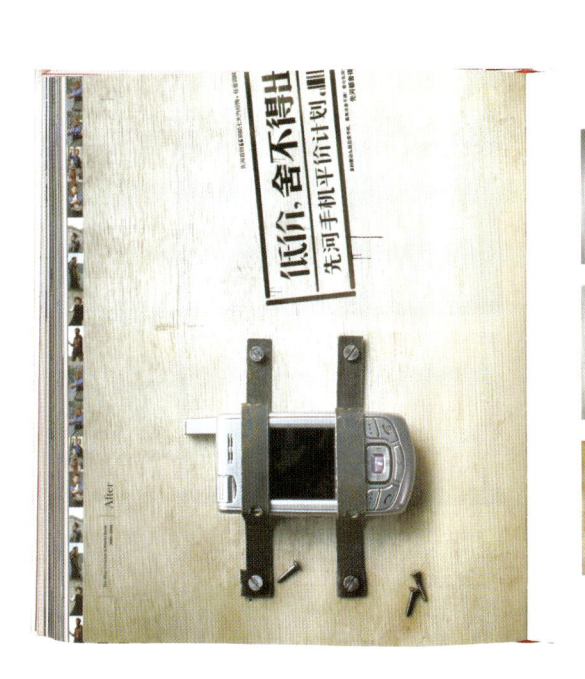

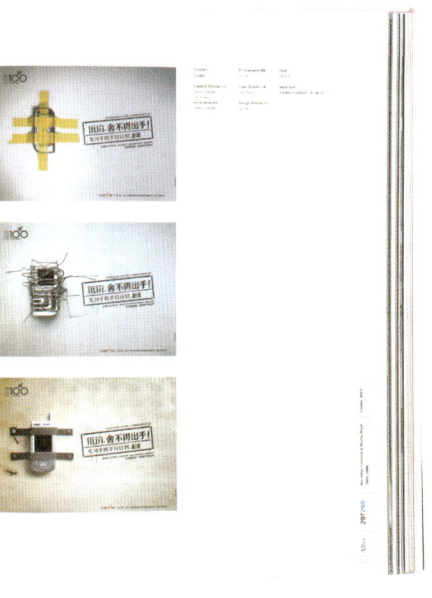

007 | Best Book Design from all over the World-International Competition　世界で最も美しい本コンクール受賞作品 2008

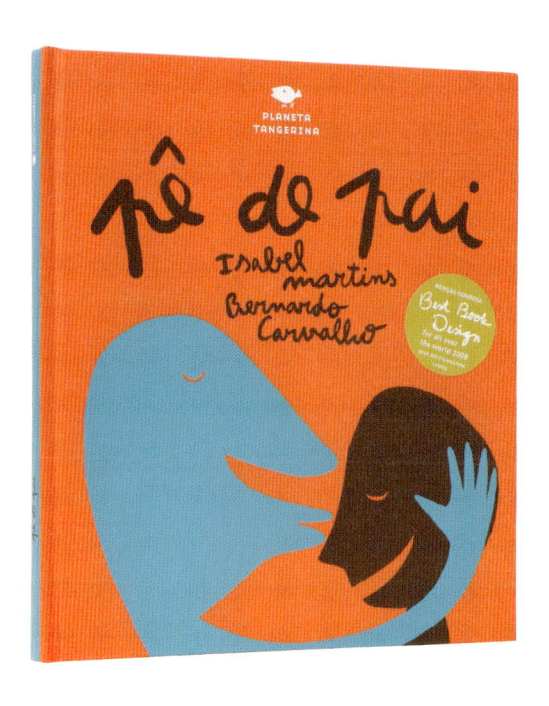

世界で最も美しい本コンクール受賞作品 2008 | Best Book Design from all over the World - International Competition | 008

父と子のふれあいを温かく描く

父親と子どものふれあいを単色のイラストで描いた絵本。本全体に穏やかに広がるリズムとすばらしい配色、イラストと文字の調和、バランスのとれた見開き頁など、すみずみまで細やかな配慮のもとデザインされている。

受賞　栄誉賞
応募国　ポルトガル
書名　Pê de pai（父の足）
著者　Isabel Martins, Bernardo Carvalho
発行　Planeta Tangerina, São Pedro do Estoril
サイズ　228×202×9mm

まるで写真集のような政党の活動記録集

スイス国民党の活動を撮影した記録写真集。政党の活動記録集だが、堅苦しさはまったく感じられない。美しい写真、よく考えられたレイアウトによって、上質なルポルタージュのような仕上がりになっている。

受賞　　銅賞
応募国　スイス
書名　　Die Mitte des Volkes（国民の中心）
著者　　Fabian Biasio, Margrit Sprecher
発行　　Edition Patrick Frey, Zürich
サイズ　285×210×12mm

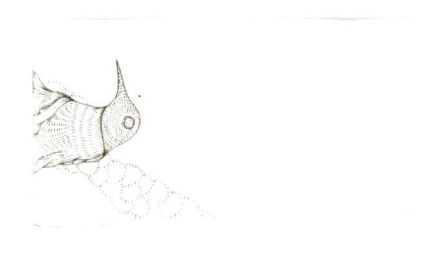

家具メーカーの良質なブランドブック

家具メーカー、ヴィトラ社の販売用カタログ。単なる商品紹介ではなく、同社の精神を顧客に伝えるブランドブックにまで昇華させている。ビジュアルコンセプトの責任者であるコーネル・ウィンドリンがこの本のアートディレクションも担当。

受賞　　銅賞
応募国　スイス
書名　　Vitra. The Home Collection 2007/08
　　　　（ヴィトラ　ホームコレクション 2007/08）
編者　　Vitra AG, Birsfelden
発行　　Vitra AG, Birsfelden
サイズ　277×212×17mm

多様な情報を整理した巧妙な組版

ベネズエラの歴史や地理をまとめた2巻組の上製本。ジャケットに開けられた丸い穴から緑の表紙が透けて見え、巻数がわかるという仕組み。色文字を使わずに、文字の大きさ、太さ、強弱をつけることで、多様な情報をうまく整理している。

受賞　金の活字賞（最高賞）
応募国　ベネズエラ
書名　Geohistoria de la Sensibilidad en Venezuela
　　　（ベネズエラの歴史的地理）
著者　Pedro Cunill Grau
発行　Fundación Empresas Polar, Caracas
サイズ　285×220×35mm

Mariko Mori/
01 / 02 / 03 / 04 / 05 /   / 06
/ 07 / 08 /   / 09 / 10 / 11 /
      / Oneness /
12 / 13 / 14 / 15 /   / 16 / 17 /
18 / 19 / 20 / 21 / 22 / 23 / 24 / 25 /
           / 26 / 27 / 28 / 29 /
                    / 30 / 31 / 32 / 33 / 34
/ 35 / 36 / 37 /
38 / 39 / 40 / 41 / 42 /

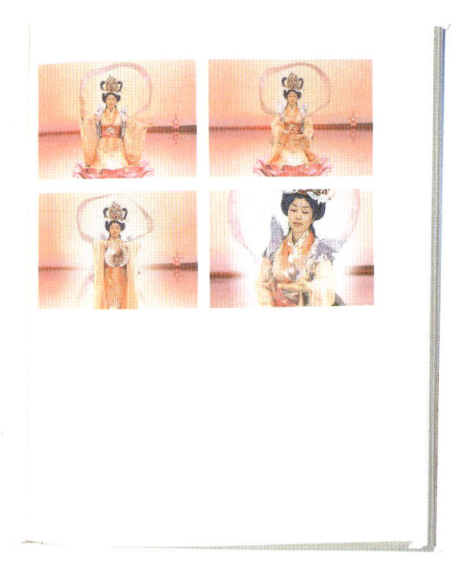

神秘性を表現した現代アートの作品集

巫女や菩薩などの神秘的なモチーフに扮した作品をつくるアーティスト、森万里子の作品集。光沢のある白い紙に銀の印刷や箔押しを使った造本は森の作品とよく調和し、神秘的でファッショナブルな仕上がりになっている。

受賞　　銅賞
応募国　ドイツ
書名　　Oneness / Mariko Mori（ワンネス　森万里子）
著者　　Takayo Iida, Noriko Umemiya
発行　　Hatje Cantz Verlag, Ostfildern
サイズ　270×210×28mm

013 | Best Book Design from all over the World-International Competition　世界で最も美しい本コンクール受賞作品 2008

ADと写真家の共同作品集

チェコの写真家、ヨゼフ・スーデックとアートディレクター、ラジスラフ・ストナルのクリエイティブな協力関係を記録した研究書。見開きは白黒の落ち着いて控えめなレイアウトだが、強く独特のコントラストがついたデザインになっている。

受賞　栄誉賞
応募国　チェコ
書名　Družstevní práce Sutnar-Sudek
　　　（協同組合出版　ストナル-スーデック）
著者　Lucie Vlčková
発行　Uměleckoprůmyslové museum v Praze, Prague
サイズ　271×205×21mm

014 | Best Book Design from all over the World - International Competition　世界で最も美しい本コンクール受賞作品 2008

とても繊細で美しい雑草の標本集

都市の舗装地面のひび割れから芽を出している雑草を集めた本。汚らしくなりそうな被写体だが、繊細に撮影された写真により優れたビジュアルにまで昇華されている。粗いグレーのクロスも素朴で上品な雰囲気を演出。全体的に繊細で愛情に満ちた植物標本。

受賞	銀賞
応募国	ドイツ
書名	Handbuch der Wildwachsenden Großstadtpflanzen Erkundungen im Dazwischen der Stadt（野生都市植物ハンドブック　都市間の調査）
著者	Helmut Völter, Roger Behrens, Rolf Reuter, Bertram Weißhaar
発行	Institut für Buchkunst an der Hochschule für Grafik und Buchkunst, Leipzig
サイズ	245×145×13mm

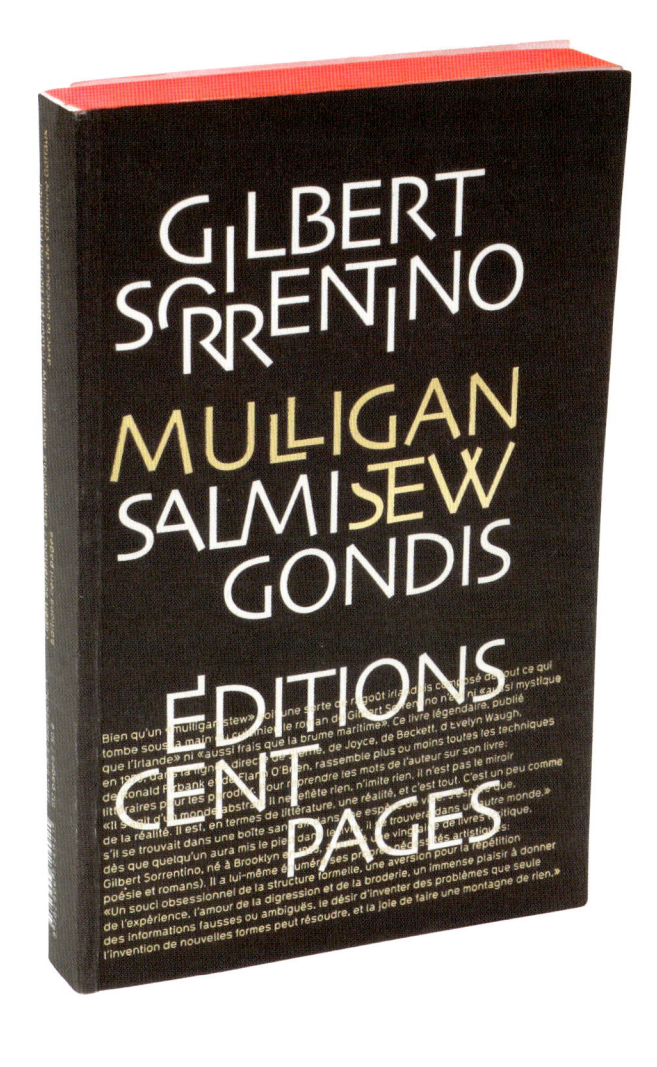

タイポグラフィ好きのために

白と金のタイポグラフィのみでまとめられた洗練された表紙に、著者、出版社名とともにタイトルと紹介文が箔押しされているシリーズ。デザイナーによる生き生きとしたタイポグラフィが見事にテキストと融合し、現代性を歓迎するフランスの文学界を体現している。

受賞	銅賞
応募国	フランス
書名	Cent Pages（Collection） Gilbert Sorrentino, Salmigondis（寄せ集め）
編著者	SP Millot
発行	Éditions cent pages, Grenoble
サイズ	195×126×19mm

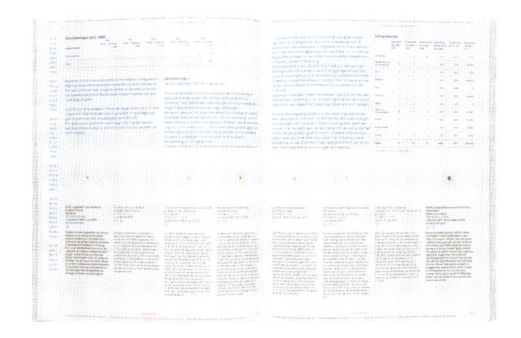

魅力的なデザインのアニュアルレポート

モンドリアン財団のアニュアルレポート(年次報告書)。文字の配色、ピクトグラムなどにも配慮し、堅苦しくなりがちな年次報告書をデザインの力で魅力的な冊子に仕上げている。このアニュアルレポートは毎年異なるデザイナーが担当。

受賞　　栄誉賞
応募国　オランダ
書名　　Mondriaan Stichting. Jaarverslag 2006
　　　　(モンドリアン財団年報 2006)
発行　　Mondriaan Stichting, Amsterdam
サイズ　276×214×13mm

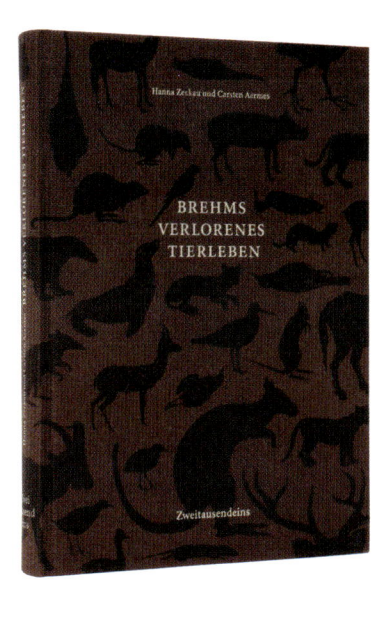

017 | Best Book Design from all over the World - International Competition

世界で最も美しい本コンクール受賞作品 2008

絶滅動物を集めたイラスト集

1860年代にアルフレート・エドムント・ブレームによって刊行された動物図鑑をもとに、絶滅動物をイラストで表した事典。イラスト、テキスト、表が古典的懐古趣味にならず、美しく調和している。表紙は焦げ茶のクロス(布)に、黒の箔押し。

受賞	銅賞
応募国	ドイツ
書名	Brehms verlorenes Tierleben Illustriertes Lexikon der ausgestorbenen Vögel und Säugetiere (ブレームの失われた動物の生活　絶滅した鳥と哺乳類のイラスト事典)
著者	Hanna Zeckau, Carsten Aermes
発行	Zweitausendeins, Frankfurt am Main
サイズ	250×175×22mm

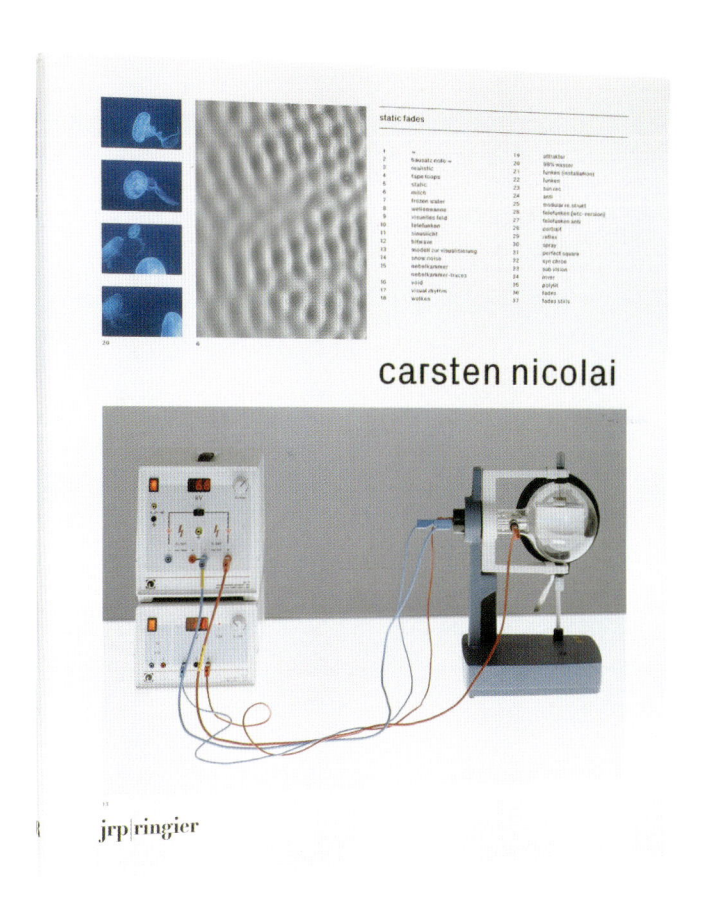

音と光の作品をうまく再現した展覧会図録

ドイツのアーティスト、カルステン・ニコライの回顧展図録。音と光の振動を音響的、視覚的に体験させるニコライの作品を印刷物にするのは難しいが、知的でよく考慮されたレイアウトによって成功している。本文書体は本書用に新しくつくられたもの。

受賞　栄誉賞
応募国　スイス
書名　Carsten Nicolai. Static Fades
　　　（カルステン・ニコライ　スタティック・フェード）
編者　Dorothea Strauss, Haus Konstruktiv Zürich
発行　JRP|Ringier Kunstverlag AG, Zürich
サイズ　289×240×13mm

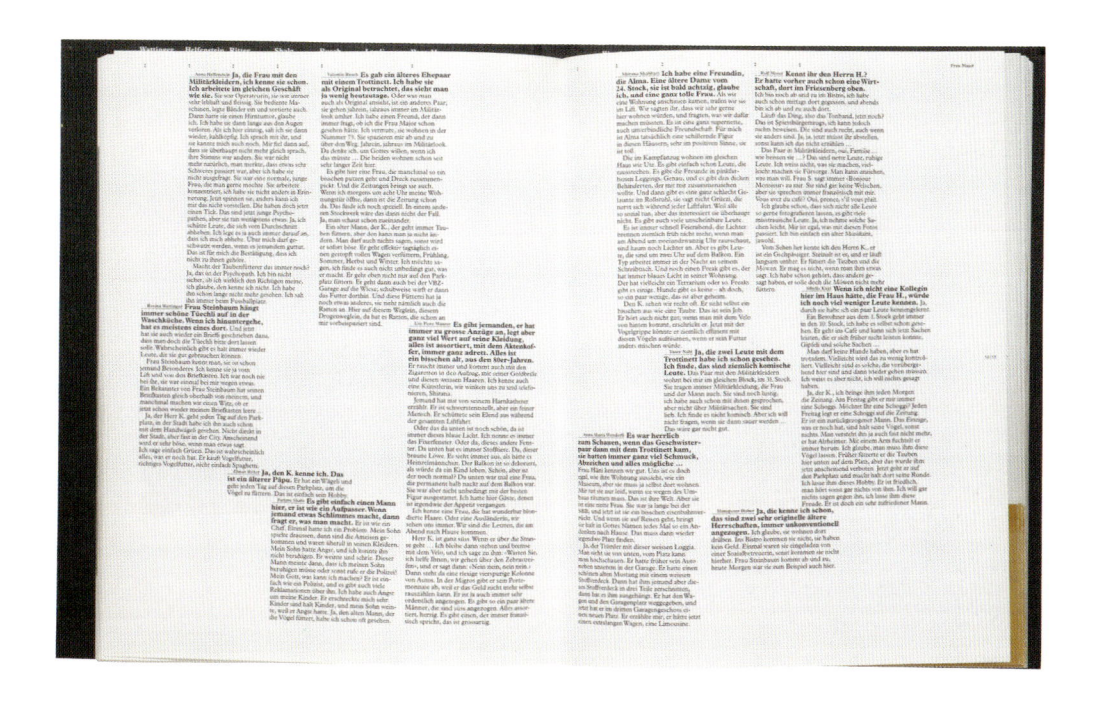

斬新なタイポグラフィでまとめた生活の記録集

元々はチューリッヒ芸術大学ビジュアルコミュニケーション学部の卒業論文。市営集合住宅・ハルダウに住んでいる人々の日常を民俗学的に観察し、まとめた。住民へのインタビューや団地内の写真を素材に、マットと光沢、テキストと写真、様々な判型、カラーと白黒といった対比パターンによって、団地を多彩に描写している。

受賞	栄誉賞
応募国	ドイツ、スイス
書名	Hardau Claro que si, c'est comme ça, c'est la vie（ハルダウ ありのままに）
著者	Julia Ambroschütz, Jeannine Herrmann
発行	Salis Verlag AG, Zürich
サイズ	295×232×18mm

世界的家具メーカー、ヴィトラ社の50年史

世界的に有名なスイスの家具メーカー、ヴィトラ社の50年史をまとめたカタログ。商品紹介、社史、使用例など、それぞれ別のパートに違う用紙を使用。表紙には中頁で使用している商品写真を配し、文字のエンボス加工が施されている。

受賞　銅賞
応募国　スイス、ドイツ
書名　Projekt Vitra.
　　　Orte, Produkte, Autoren, Museum, Sammlungen, Zeichen;
　　　Chronik, Glossar
　　　（プロジェクト・ヴィトラ
　　　　場所、製品、作家、博物館、コレクション、デッサン：年代記、用語集）
編者　Rolf Fehlbaum, Cornel Windlin
発行　Birkhäuser Verlag, Basel／Boston／Berlin
サイズ　245×175×34mm

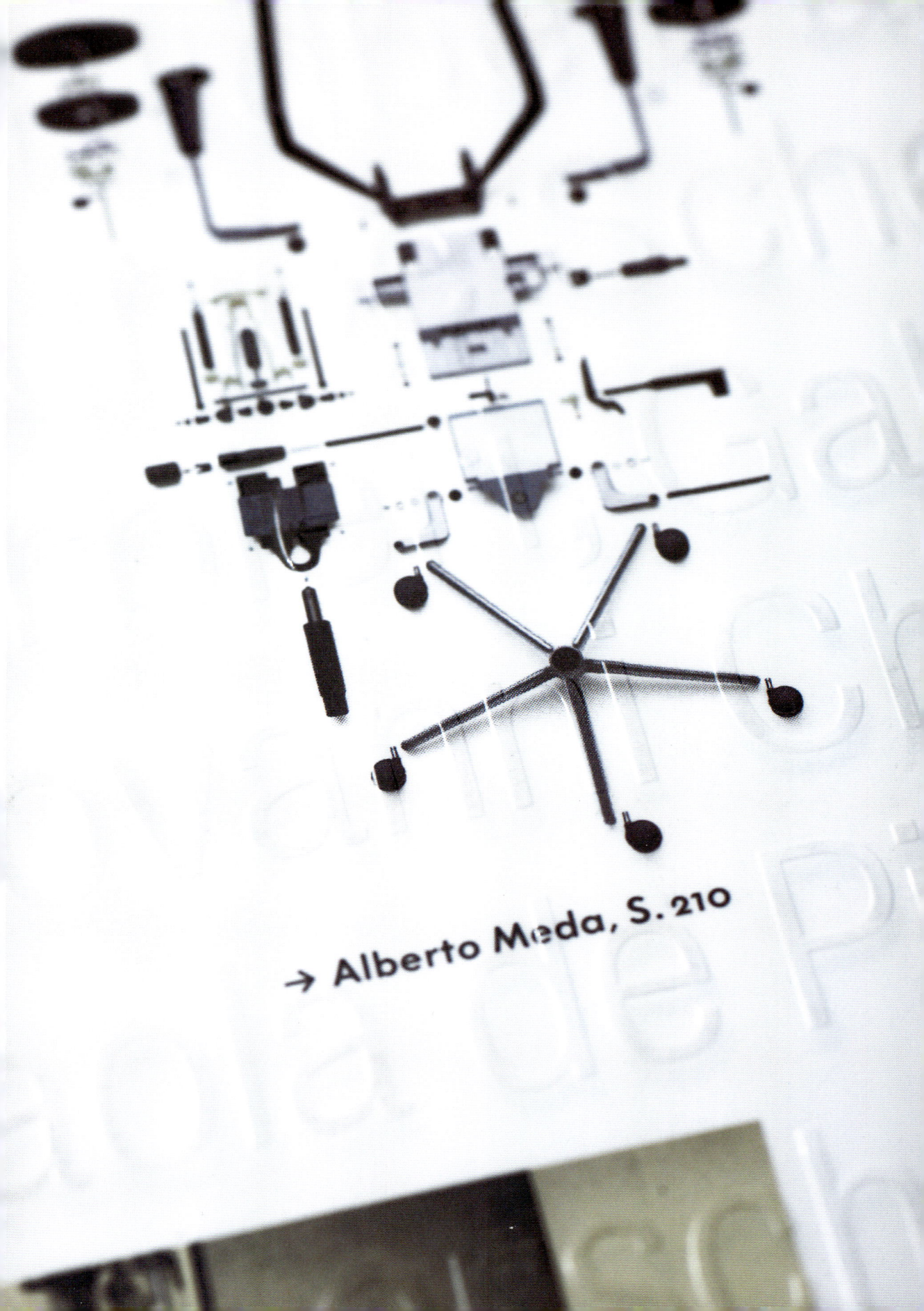

→ Alberto Meda, S. 210

見やすく、美しい年次報告書

モンドリアン財団のアニュアルレポート（年次報告書）。写真はいっさいなく、テキストと表のみだが、単調にならない生き生きしたデザインが特徴的。各章が違う色の袋とじになっており、次の章へと色が変化していくよう工夫されている。

受賞	栄誉賞
応募国	オランダ
書名	Mondriaan Stichting. Jaarverslag 2007 （モンドリアン財団年次報告書 2007）
発行	Mondriaan Stichting, Amsterdam
サイズ	274×210×15mm

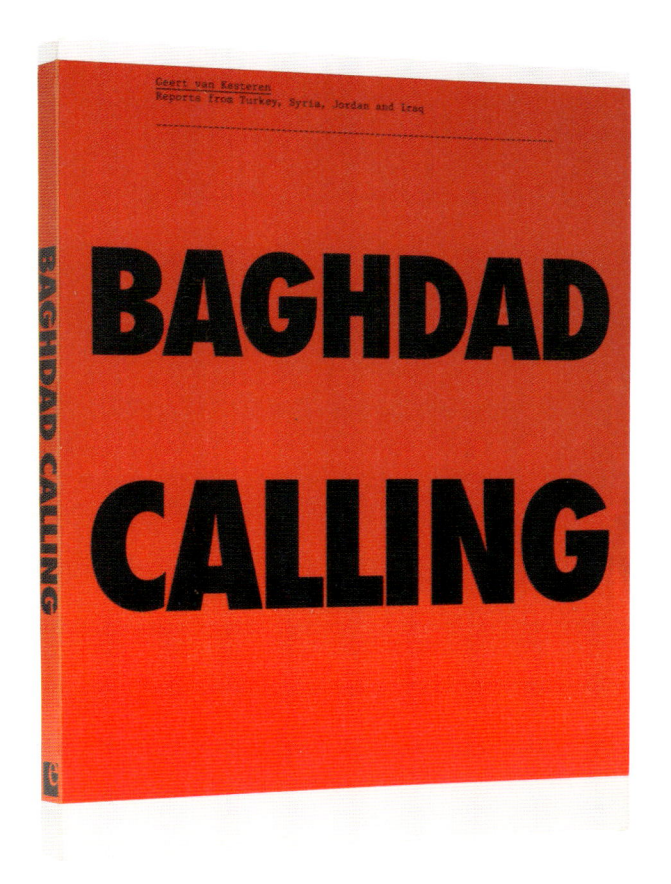

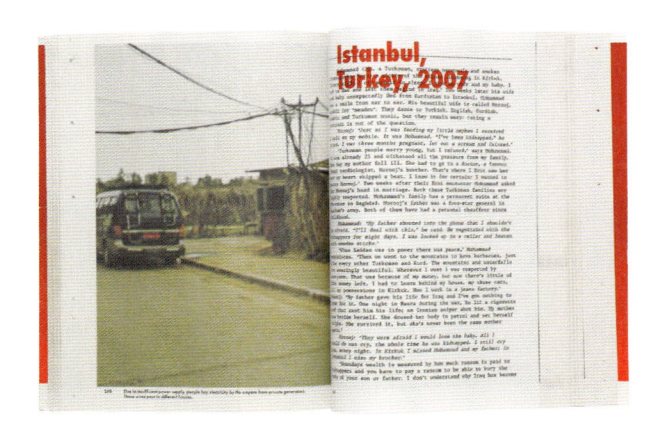

臨場感あふれる内戦地からのフォトリポート

新聞紙に印刷された、イラクの人々の撮影した粗い写真の間に、それよりやや小さな判型の光沢紙に印刷されたフォト・ジャーナリストであるヴァン・ケステレンの写真が差しこまれている。アマチュアのスナップショットを同時に見せることで、現場のリアルな雰囲気が伝わってくる。

受賞	銀賞
応募国	オランダ
書名	Geert van Kesteren. Baghdad Calling Reportages uit Turkije, Syrië, Jordanië en Irak （ゲーアト・ヴァン・ケステレン　バグダッド・コーリング　トルコ、シリア、ヨルダン、イラクからのレポート）
発行	episode publishers, Rotterdam
サイズ	255×192×15mm

023　Best Book Design from all over the World-International Competition　世界で最も美しい本コンクール受賞作品 2009

タイトルがうっすら光る、真っ黒な本

建築事務所マルテ・アーキテクツの作品集。黒い表紙に黒いタイトル。タイトル部分はニスがひかれ、うっすらと光って浮かび上がるようにデザインされている。小口まで黒く塗られていて、あたかも黒い物体がそこにあるかのようなブックデザインだ。

受賞　　銀賞
応募国　オーストリア
書名　　Marte. Marte Architects（マルテ　マルテ・アーキテクツ）
著者　　Bernhard Marte, Stefan Marte
発行　　Springer-Verlag Wien / New York
サイズ　225×163×43mm

大小異なるサイズの表紙が連なった展覧会図録

アーティスト、アルプの展覧会カタログ。中頁では、印刷される内容（テキスト、論文、作品写真）に応じて違う種類の紙を使用。表紙は大小異なるサイズの4色の紙が重なるように製本されている。見た目にも楽しい図録になった。

受賞	銅賞
応募国	フランス
書名	Art is Arp. Dessins, collages, reliefs, sculptures, poésie （アートはアルプである　デッサン、コラージュ、レリーフ、彫刻、詩）
著者	Isabelle Ewig, Emmanuel Guigon
発行	Musée d'Art moderne et contemporain de la ville de Strasbourg
サイズ	280×230×19mm

Best Book Design from all over the World-International Competition　世界で最も美しい本コンクール受賞作品 2009

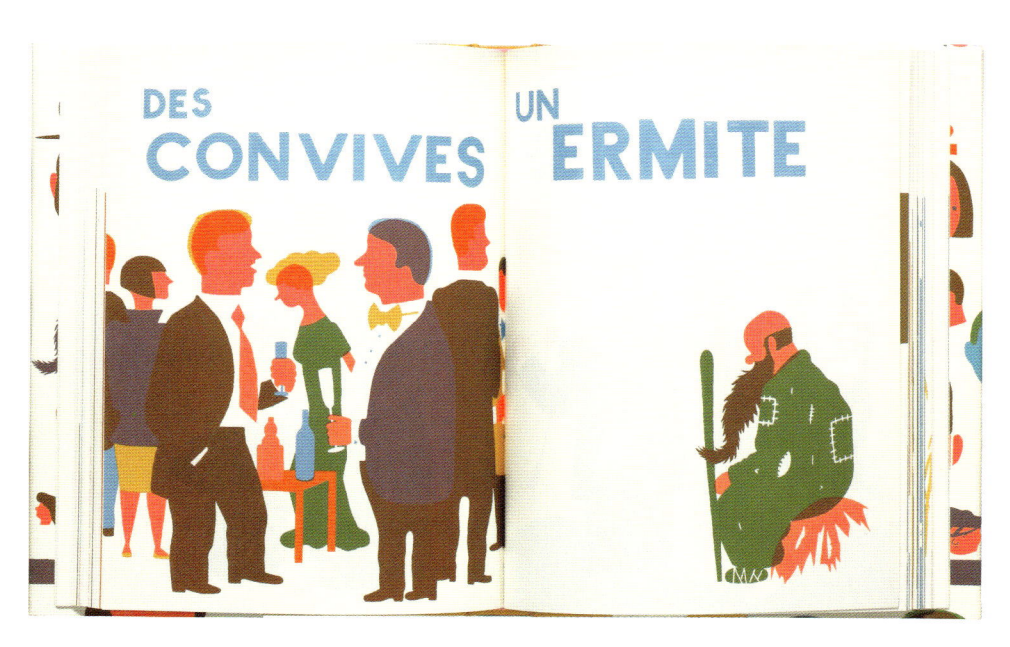

特色3色だけで再現した絵本

様々な人々や季節の単語をイラストで説明した絵本。イラストはすべて、オークル、ブルー、ピンクの掛け合わせだけで表現されている。色のマット感に合った嵩高な紙（軽くて厚みのある紙）が触覚的な美しさももたらした。

受賞	金の活字賞（最高賞）
応募国	フランス
書名	L'Imagier des gens（人物の版画絵師）
著者	Blexbolex
発行	Albin Michel Jeunesse, Paris
サイズ	240×180×24mm

Vinex Atlas 010

Jelte Boeijenga
Jeroen Mensink

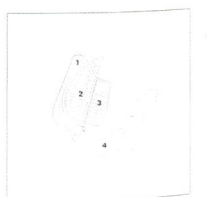

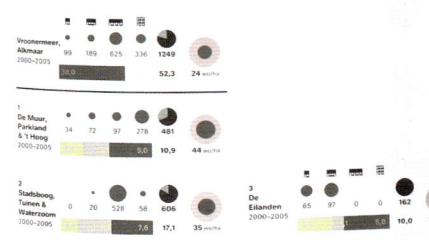

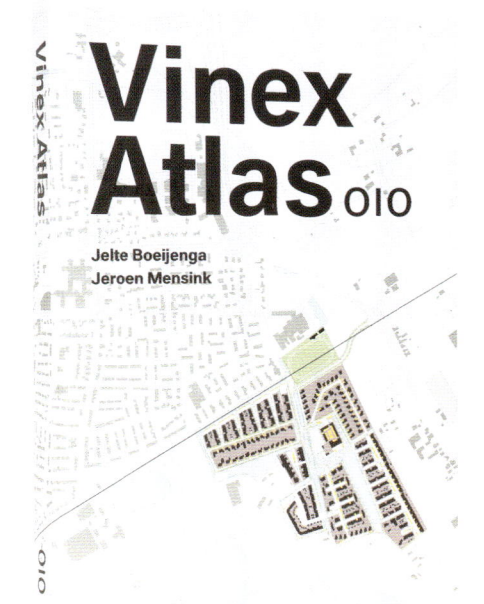

膨大な写真や設計図を見やすく整理

ヴィネックスという名前は、オランダの住宅地域計画環境省が発行した空間開発白書『空間秩序に関する第4白書』の頭文字に由来する。本書はそのヴィネックスを航空写真、平面図などで紹介したもの。膨大な情報が非常に整理されてまとめられている。

受賞	金賞
応募国	オランダ
書名	Vinex Atlas （ヴィネックス・アトラス）
著者	Jelte Boeijenga, Jeroen Mensink
発行	010 Publishers, Rotterdam
サイズ	344×242×28mm

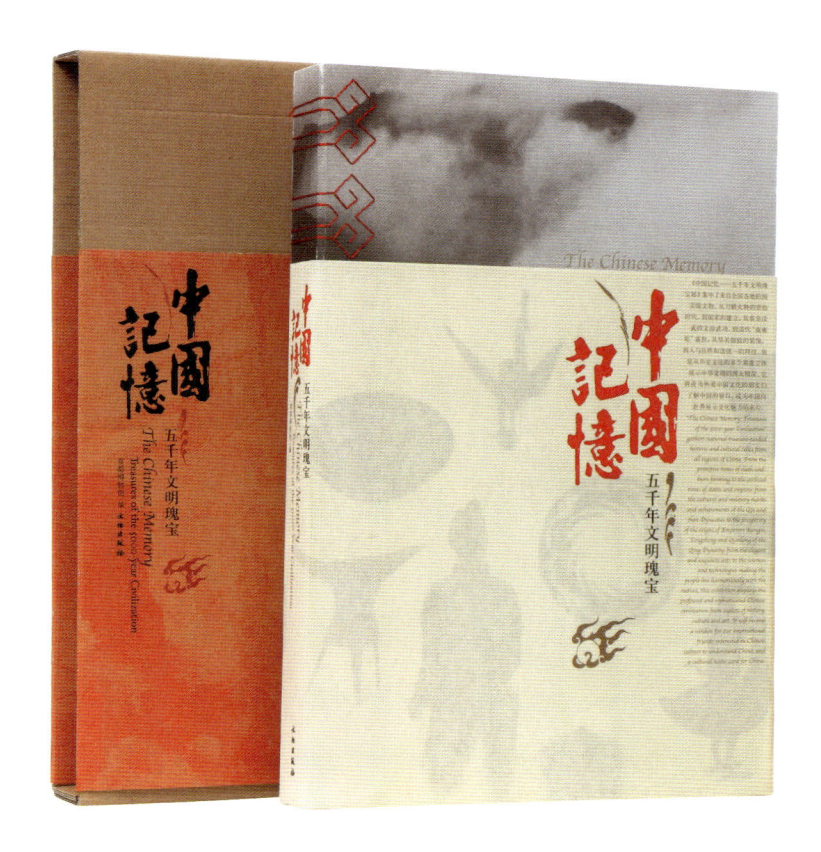

中国らしさが漂う歴史の大著

中国全土から集められた、中国5000年の歴史上重要な絵画や工芸品を収録した豪華カタログ。柔らかな紙に中国式の糸とじを使うことで、オーソドックスな図録の特徴と質感を変えるとともに可読性も高めている。北京オリンピックに合わせて刊行された。

受賞	栄誉賞
応募国	中国
書名	中國記憶（中国の記憶）
編者	首都博物館
発行	文物出版社
サイズ	285×211×70mm

029 | Best Book Design from all over the World-International Competition　世界で最も美しい本コンクール受賞作品 2010

展覧会を見ていなくても楽しめる展覧会カタログ

鉄のカーテンが開いた1989年をテーマとした美術展カタログ。展覧会を見ていなくても本として楽しめる。紙の選択、製本、タイポグラフィ、出品作品図版の選択とレイアウトは、どれもバランスがとれている。

受賞　銅賞
応募国　オーストリア
書名　1989. Ende der Geschichte oder Beginn der Zukunft?
　　　（1989年　歴史の終焉か、未来の始まりか？）
編者　Kunsthalle Wien, Gerald Matt, Cathérine Hug, Thomas Mießgang
発行　Verlag für moderne Kunst Nürnberg
サイズ　240×190×31mm

ベネチアの都市プロジェクトをまとめた2冊組の本

ベネチアの都市プロジェクトのフィールドワークから生まれた写真、エッセイ、インタビューなどをまとめた2冊組の本。2巻あわせて1344頁以上にわたり、それらの資料が巧みに生き生きと構成され、まったく飽きさせない。用紙、組版、印刷すべてが調和している本。

受賞　銅賞
応募国　ドイツ
書名　Migropolis. Venice/Atlas of a Global Situation
　　　（ミグロポリス　ベネチア、グローバル状況の地図）
編者　Wolfgang Scheppe, The IUAV Class on Politics of Representation
発行　Hatje Cantz Verlag, Ostfildern
サイズ　254×180×97mm

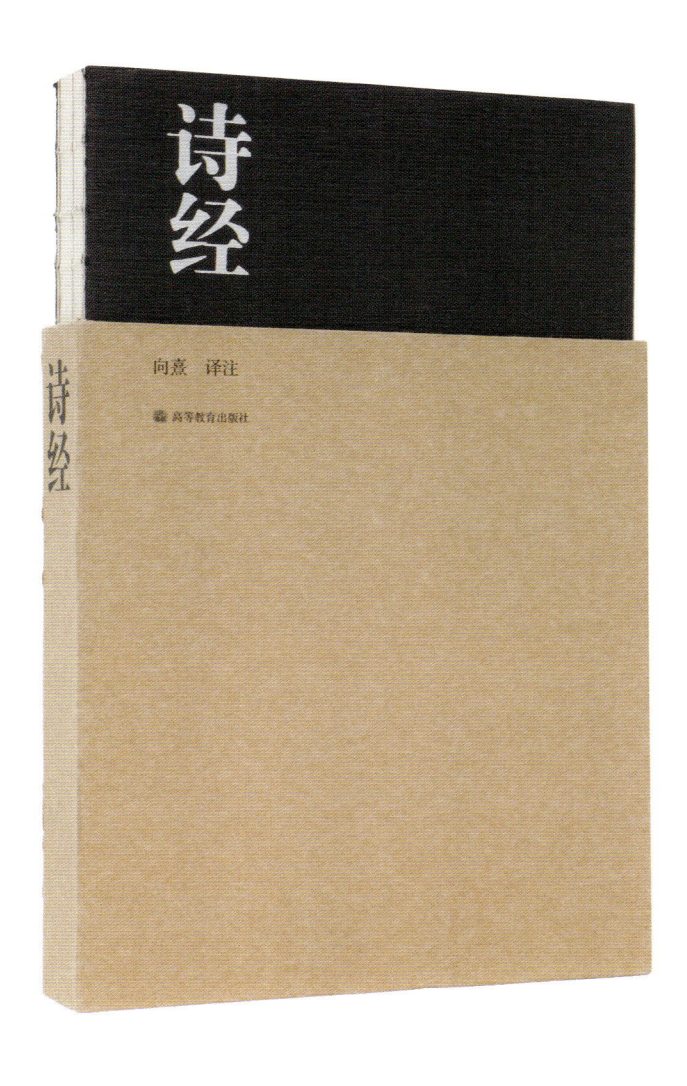

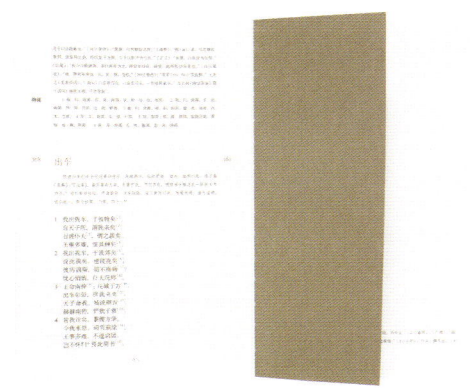

Best Book Design from all over the World-International Competition 031

世界で最も美しい本コンクール受賞作品 2010

古典的テーマを現代的に見せるデザイン

305首の詩経を古今対照で見せる新しい形式の本。原詩に訳文や、注釈、韻読などの情報を加えて構成されている。簡潔な色使い、文字の種類やサイズによる内容区分など、頁デザインには現代的でさわやかなニュアンスが漂っている。

受賞	栄誉賞
応募国	中国
書名	诗经（詩経）
著者	向熹
発行	高等教育出版社
サイズ	256×164×27mm

032

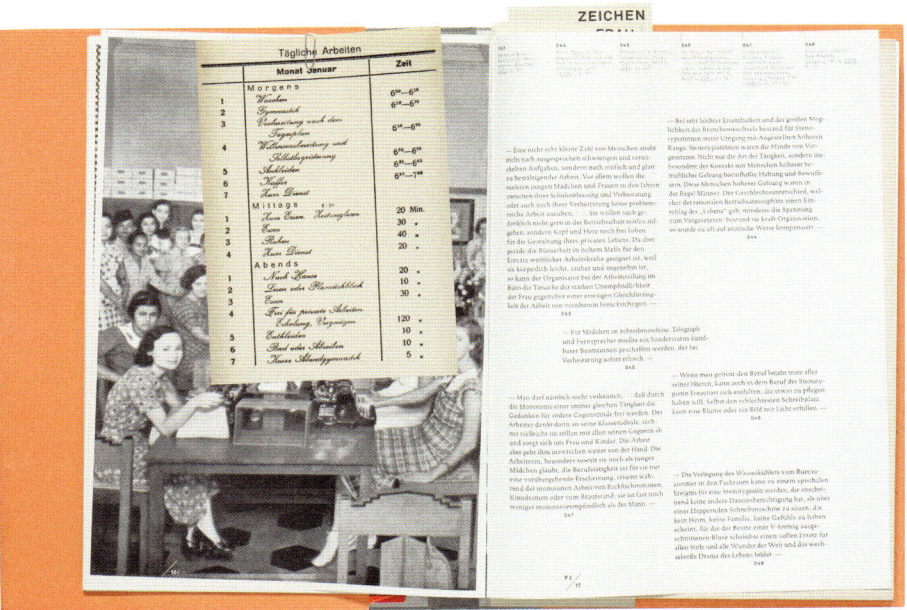

Best Book Design from all over the World-International Competition

世界で最も美しい本コンクール受賞作品 2010

調査報告書形式でナチス時代の資料をまとめた本

第三帝国でタイプライターに組み込まれた「SS」(ナチス親衛隊)のルーン文字を手がかりとして、第三帝国に関する時代資料を収集し、公式文書としての正当性を検証した本。違う種類の紙を使ったり、クリップではさんだり、調査報告書を思わせるブックデザインも秀逸。

受賞	金の活字賞(最高賞)
応募国	ドイツ
書名	XX- Die SS-Rune als Sonderzeichen auf Schreibmaschinen (タイプライター上の特別な記号としてのSS ルーン文字)
著者	Elisabeth Hinrichs, Aileen Ittner, Daniel Rother
発行	Institut für Buchkunst Leipzig an der Hochschule für Grafik und Buchkunst, Leipzig
サイズ	314×225×20mm

bei Olymp...

...ich, wenn wir im großen Deutschland...
...wieder... In Eurer nächsten Umge...
...ihnen bedanken. Wenn Ihr...

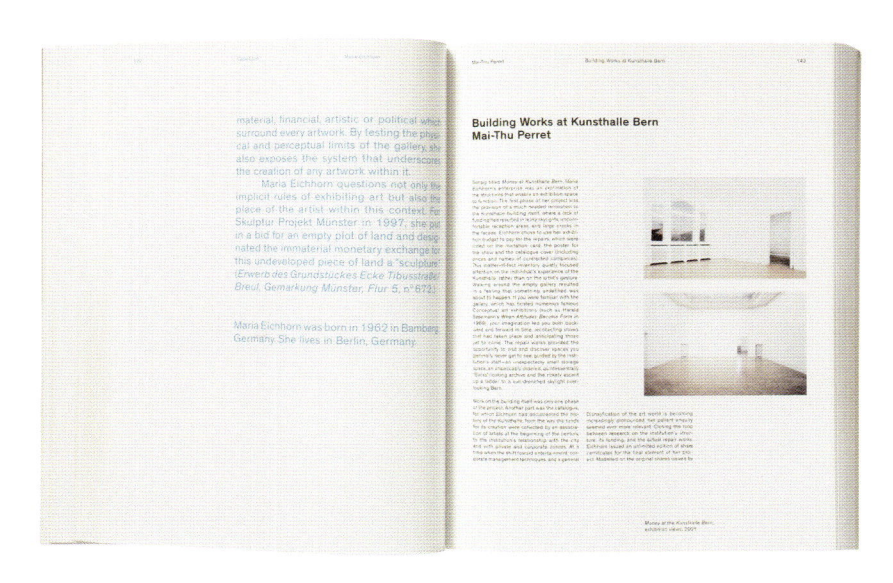

ポンピドゥーセンター50年間の回顧展カタログ

パリ・ポンピドゥーセンターで過去50年間に開催された9つの「空の展覧会」の回顧展図録。記録、テキスト・アンソロジー、寄稿文はそれぞれ異なる紙に印刷されている。テキストと図版が相互に距離をとることで、中央に空白が現れるようにしている。

受賞	銅賞
応募国	スイス
書名	Voids. A Retrospective（ヴォイド［空虚］ 回顧展）
編者	John Armleder, Mathieu Copeland, Laurent Le Bon, Gustav Metzger, Mai-Thu Perret, Clive Phillpot, Philippe Pirotte
発行	JRP│Ringier, Zürich
サイズ	280×215×35mm

立ち入り禁止区域を集めた写真集

操業停止の工場や立ち入り禁止区域など、東西統一後のベルリンの街の断片を集めた写真集。モノクロ写真に自らの物語を語らせ、変わりゆく街の記録にしている。非常に繊細で綿密なデザイン、その雰囲気と的確な編集で心をひきつける並外れた本。

受賞　銅賞
応募国　ドイツ
書名　Eigentumsvorbehalt
　　　Innerstädtische Industriebrachen und Gewerbegebiete als
　　　Ausdruck eines Transformationsprozesses politischer
　　　Systeme Berlins
　　　（所有権留保　街中の工場休業とベルリンの政治システムの変化の
　　　プロセスとしての工場地帯）
編者　Gaston Isoz
発行　disadorno edition, Berlin
サイズ　305×225×12mm

036 | Best Book Design from all over the World - International Competition

世界で最も美しい本コンクール受賞作品 2010

黄色いジャケットと中頁のコントラストが絶妙な
展覧会カタログ

スイス人写真家、シュピナッチュの展覧会カタログ。全350頁に独・英2か国語併記のテキストと写真を収録。ジャケットの上にさらに黄色い透明ビニールのジャケットがかけられ、表紙、背、小口も黄色で統一されている。モノクロの内部と外観のコントラストがエレガントな1冊。

受賞　栄誉賞
応募国　スイス
書名　Jules Spinatsch（ジュール・シュピナッチュ）
編者　Marco Obrist, Kunsthaus Zug
著者　Joerg Bader, Cathérine Hug
発行　KODOJI Press, Baden
サイズ　234×170×24mm

ほどよい抑制が効いた精緻な写真作品集

アーティスト、トーマス・ガラー初の全作品集。マットな紙に黒1色で印刷されたテキストと、光沢のある紙に全頁大で印刷されたカラー写真で構成。作品は参考資料の間に挿入され、展覧会での位置づけを確認できる。書籍全体は、落ち着いた静けさをたたえている。

受賞	金賞
応募国	スイス
書名	Thomas Galler. Walking through Baghdad with a Buster Keaton Face (トーマス・ガラー バスター・キートンの顔でバグダッドを歩く)
編者	Madeleine Schuppli, Aargauer Kunsthaus, Aarau
発行	edition fink, Verlag für zeitgenössische Kunst, Zürich
サイズ	298×240×16mm

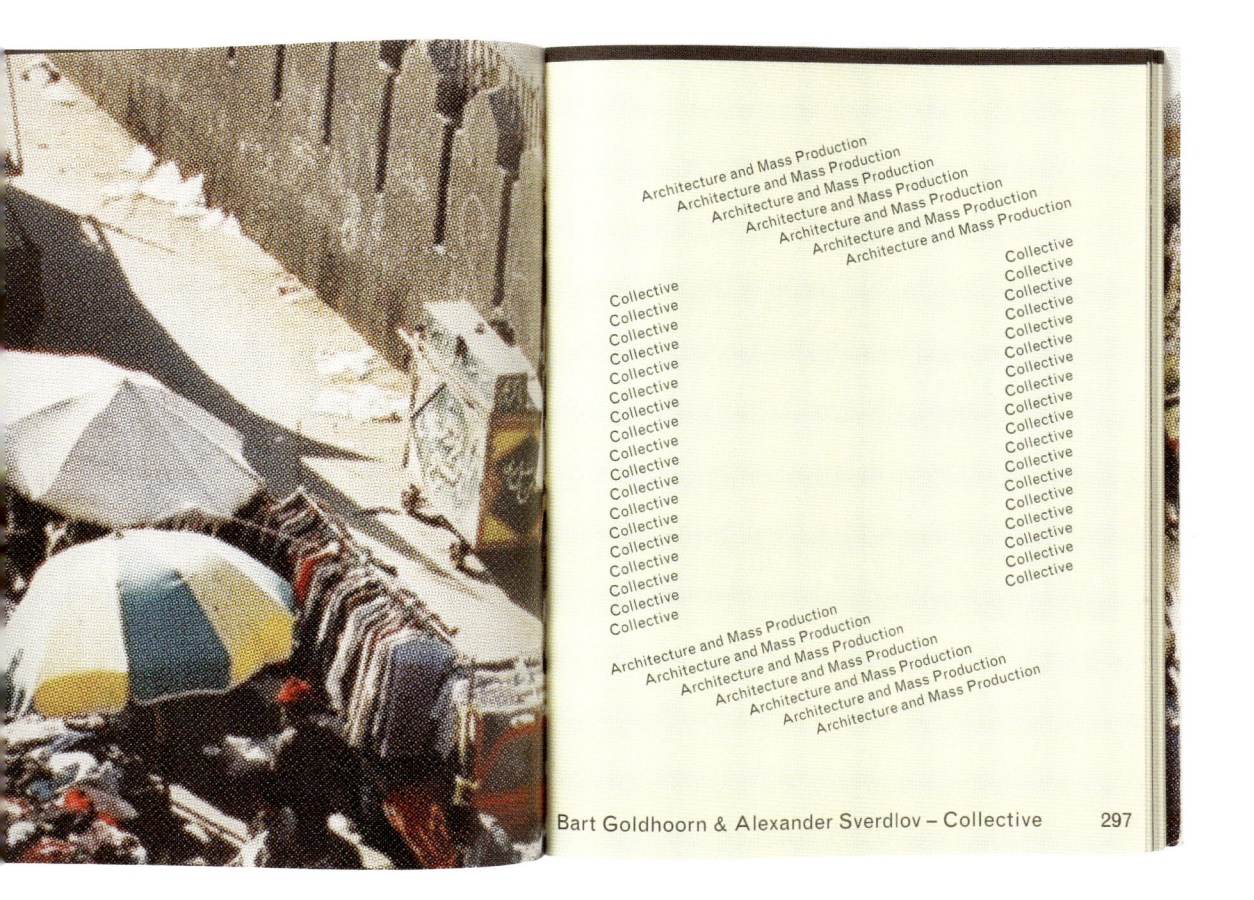

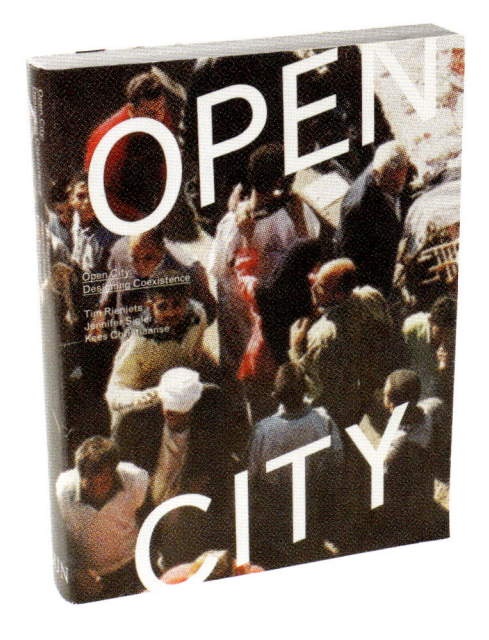

Bart Goldhoorn & Alexander Sverdlov – Collective   297

都市の共生に注目した建築関連書

第4回ロッテルダム国際建築ビエンナーレに際して出版された書籍。今日の急速に変容する都市での共生に注目した「オープンシティ」というテーマのエッセイと、プレゼンテーションを掲載。オランダのデザイナー、メイヴィス&ドイルセンと大学院生によるデザイン。

受賞	栄誉賞
応募国	オランダ
書名	Open City. Designing Coexistence （オープン・シティ　共存をデザインする）
編者	Tim Rieniets, Jennifer Sigler, Kees Christiaanse
発行	SUN architecture, Amsterdam
サイズ	270×200×28mm

4つのパートをそれぞれ違う紙で再現

スイスで最も長い伝統を持つ自然保護団体プロ・ナトゥーラ設立100周年記念文集。本文の4つのパートにはそれぞれ違う種類の紙を使用。退屈なデザインが目立つ記念文集という分野において、注目に値する意識の高い作品である。

受賞	銀賞
応募国	スイス
書名	Die Stimme der Natur. 100 Jahre Pro Natura （自然の声 プロ・ナトゥーラ100年）
編者	Pro Natura
発行	KONTRAST Verlag, Zürich: Edition Slatkine, Genève
サイズ	250×170×19mm

039 | Best Book Design from all over the World - International Competition

世界で最も美しい本コンクール受賞作品 2010

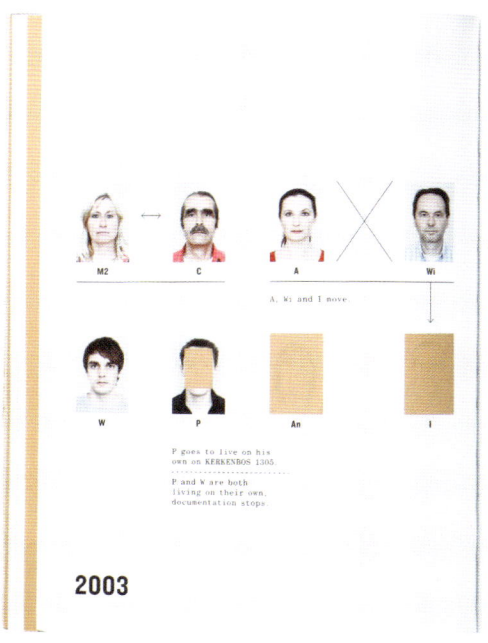

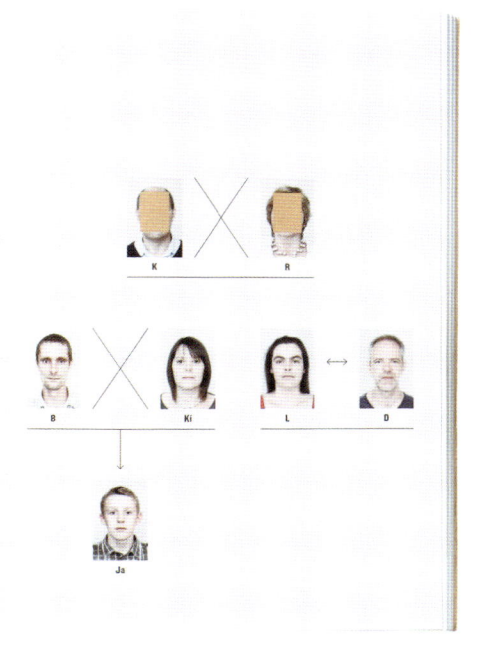

機能的関係図から浮かび上がる感情

生まれてすぐに里子に出されたこの本の作者、ウィレムが自らのルーツを調べた結果をまとめた本。家族内の関係の変化を機能的に描写しているが、そこに様々な感情が読み取れる。特に顔上の肌色の四角は調査に非協力的だったことを表している。

受賞　　銅賞
応募国　オランダ
書名　　And Willem. Documentation of a Youth
　　　　（そしてウィレム　ある青年の記録）
著者　　Willem Popelier
発行　　post editions, Rotterdam
サイズ　230×168×18mm

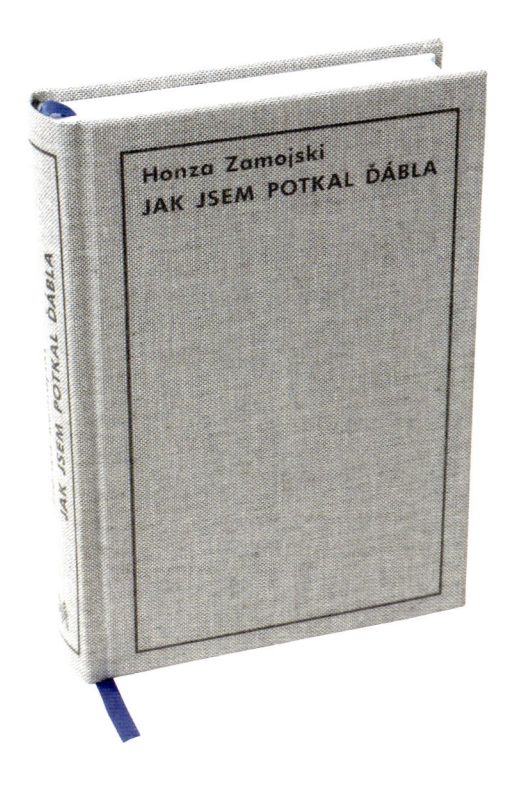

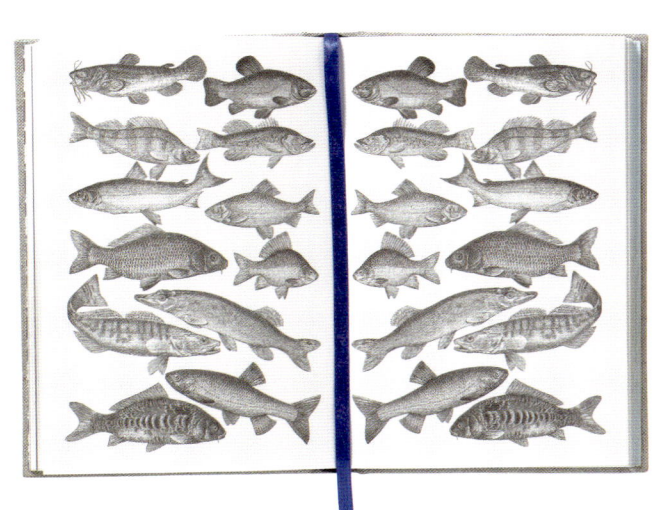

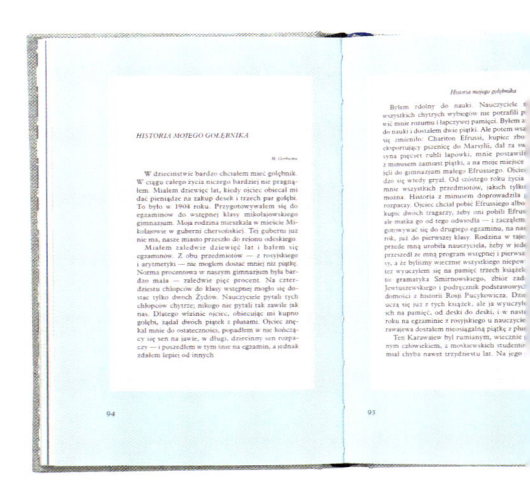

重いテーマを繊細なデザインでまとめた本

アーティスト、ザモジスキーがチェコの土地、その歴史との出会いについて書いた本。書名と著者名は黒縁に囲まれ、その内容は分厚い表紙に封印されている。深刻な内容を美しくまとめている。本の最後の頁に見えるのは箔押しされた十字架。

受賞　　銅賞
応募国　ポーランド
書名　　Jak jsem potkal Ďábla（ヤク　ユセム　ポトカル　ディヤーブラ）
著者　　Honza Zamojski
発行　　Galeria Miejska Arsenał, Wydawnictwo Morava, Poznań
サイズ　200×136×32mm

5

Netwerken

5.1	Werk aan je netwerk	165
5.2	De familie of direct betrokkenen: wie zorgt, praat mee!	171
5.3	De zorgconferentie	178

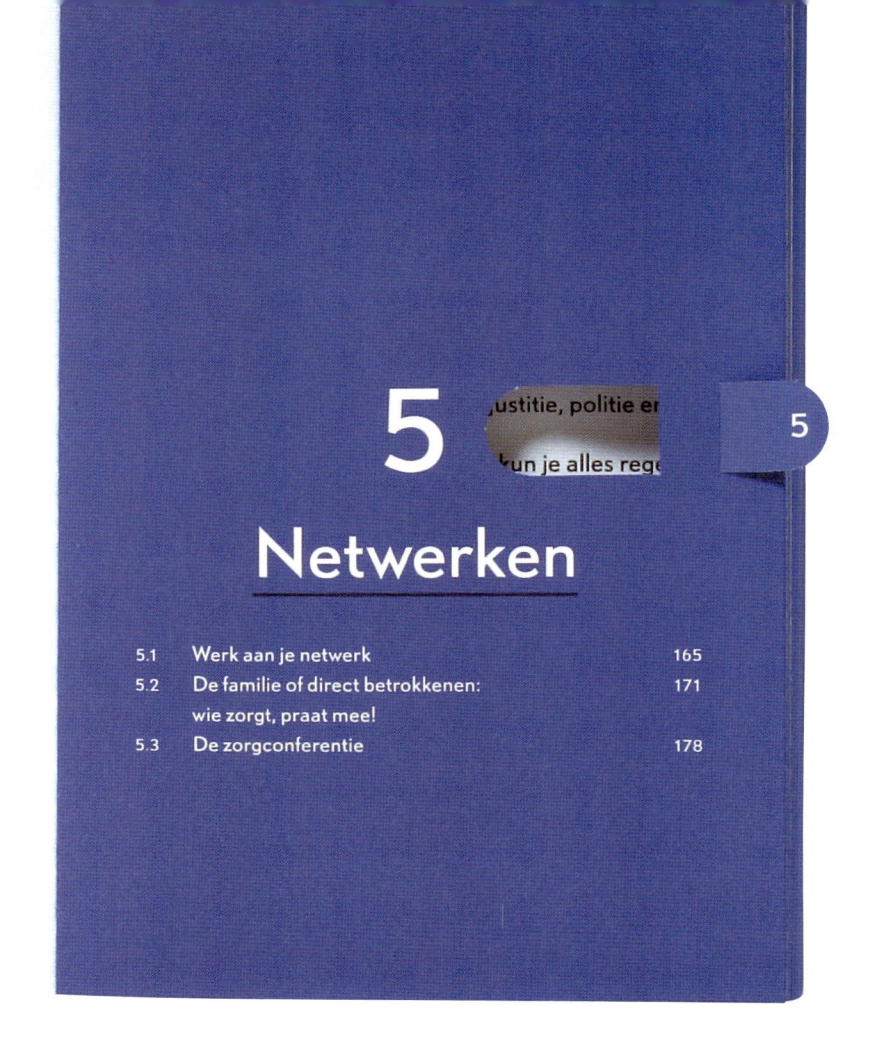

切り取り式のインデックスがついたマニュアル

精神疾患や依存症などを抱えた患者への対応についてまとめられた本。個々の事柄を順に提示し、青のスポットカラーを効果的に使い、読者の混乱を巧みに防いでいる。章扉には、U字型の切り込みが入っており、折り曲げるとインデックスになる。

受賞	銀賞
応募国	オランダ
書名	Bemoeizorg. Eenvoudige Tips voor Moeilijke Zorg （アウトリーチ 困難なケアのための簡単なコツ）
著者	Jules Tielens, Maurits Verster
発行	De Tijdstroom, Utrecht
サイズ	190×120×26mm

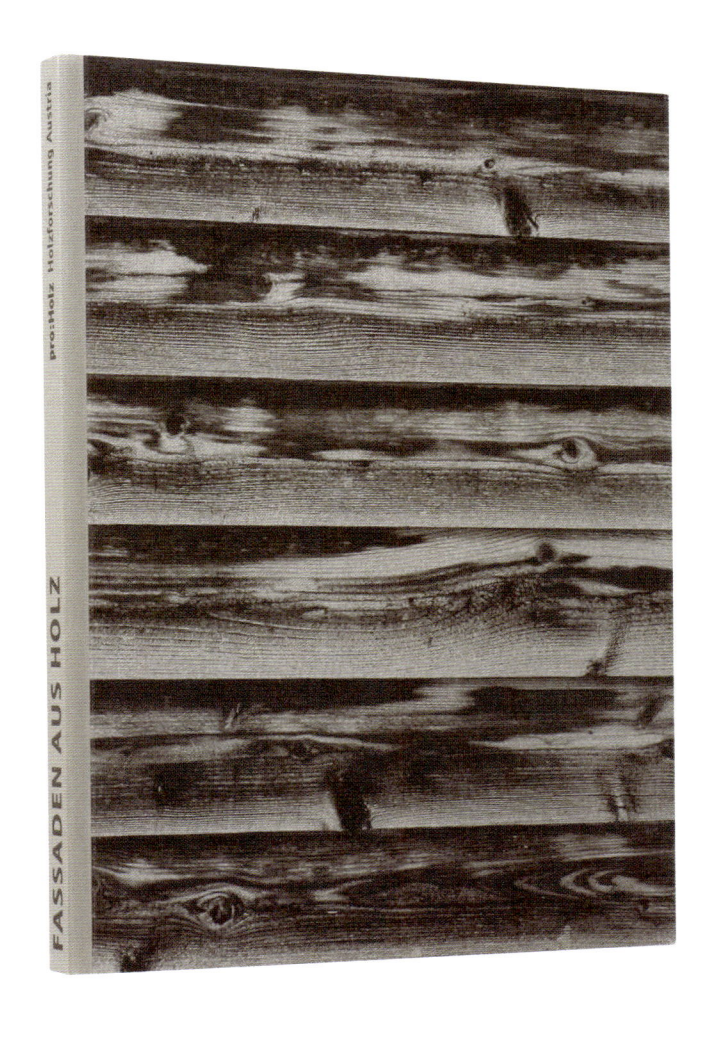

表紙で木材の質感を表現した建築技術書

外壁に木材を使った建築物を集めた建築専門書。おもにエンジニア、建築施工者、建築家を対象とした技術書で、図面やデータ、解説文などが読みやすく掲載されている。表紙、見返しはシルバーと黒で木目調の印刷が施されており、本のコンセプトを伝えている。

受賞　　銅賞
応募国　オーストリア
書名　　Fassaden aus Holz（木のファサード）
編者　　proHolz Austria
発行　　proHolz Austria, Wien
サイズ　297×213×17mm

Best Book Design from all over the World-International Competition
世界で最も美しい本コンクール受賞作品 2011

800頁ものアートのリファレンスブック

様々な形での社会の変容を168のキーワードにより理論化した本。表紙まわりはすべて文字で、インデックスとしても機能。作品頁はカラーの二つ折りで挿入。機能的なタイポグラフィ、目をひく見出し語とカラーのイラストによって驚くほど読みやすく整理されている。

受賞	金賞
応募国	チェコ
書名	Atlas Transformace（変容の地図帳）
編者	Zbyněk Baladrán, Vít Havránek, Věra Krejčová
発行	tranzit.cz, Prague
サイズ	220×160×40mm

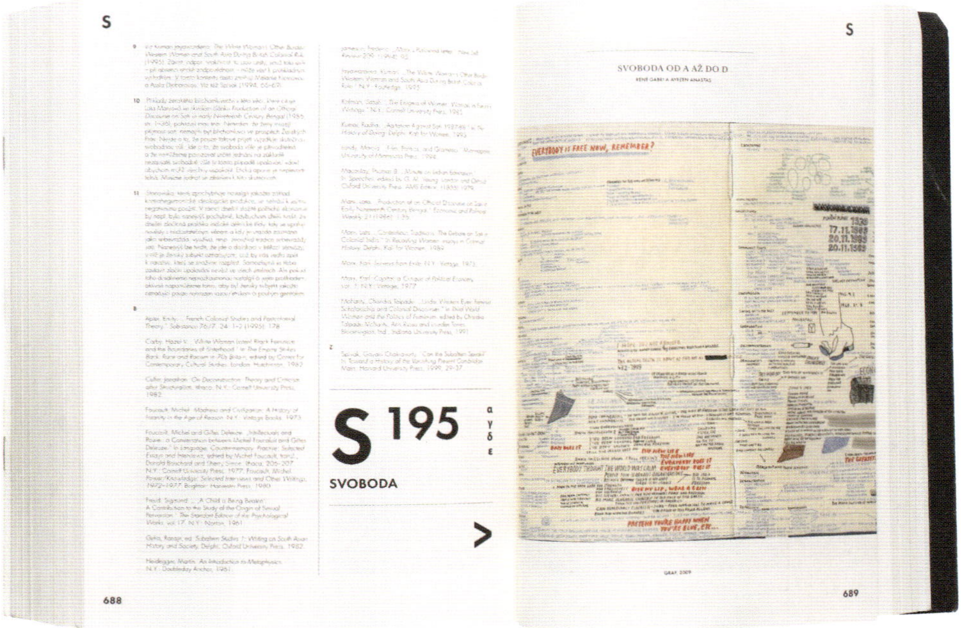
S
S 195
SVOBODA
SVOBODA OD A AŽ DO D
EVERYBODY IS FREE NOW, REMEMBER?
688
689

O 129
OSLAVA
431

蛍光色のイラストで現代的なイメージに

小説家で詩人、そして映画作家でもある著者のよく知られた小説。鮮やかな蛍光色のイラストによって、現代的で新鮮なイメージの本になっている。蛍光色は表紙のほか、全頁のイラストに使われ、クラシックな物語にカラフルでわくわくするような新しい顔を与えた。

受賞　　栄誉賞
応募国　ドイツ
書名　　Zazie in der Metro（地下鉄のザジ）
著者　　Raymond Queneau
発行　　Büchergilde Gutenberg, Frankfurt am Main
サイズ　245×153×20mm

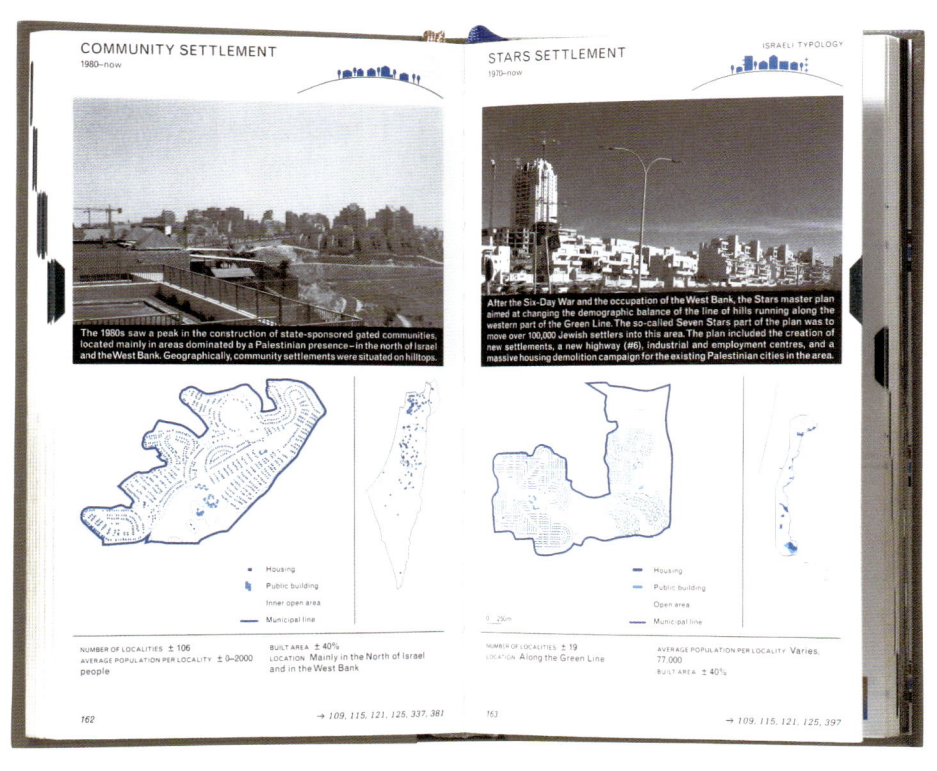

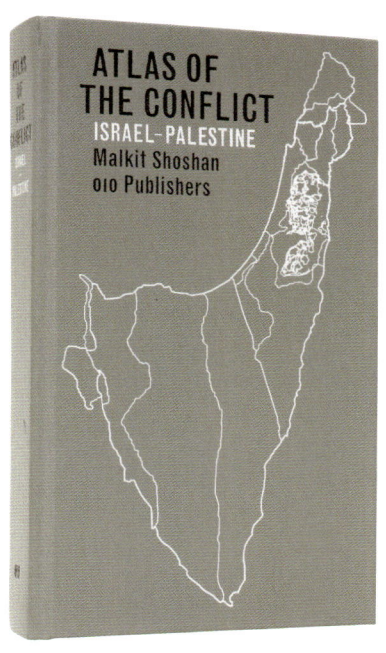

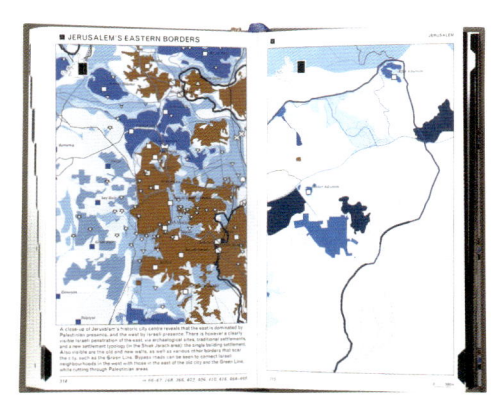

イスラエルに関する膨大な情報を2色で図示

イスラエルの都市、体制や国境などの変化を図解した本。国境の変遷、パレスチナ自治区との間の分離壁構築の様子、人口動態など、あらゆる情報を図表で掲載。イスラエル関係は青、パレスチナ関係は茶で色分けし、膨大な情報をわかりやすく提示した点が評価された。

受賞	金の活字賞（最高賞）
応募国	オランダ
書名	Atlas of the Conflict, Israel-Palestine （紛争地図帳　イスラエル―パレスチナ）
著者	Malkit Shoshan
発行	010 Publishers, Rotterdam
サイズ	201×120×30mm

見出し書体、造本に凝った建築ブックレット

ベネチア建築ビエンナーレでローマのスイス研究所によって催された3つの展示会についての小冊子。異なる出版社から発行され、それぞれ1色ずつ強い色（黄色、緑、茶色）を使っているので容易に区別できる。本書の表紙にはポスターが二つ折りで貼られている。写真はそのうちの1冊、Hong Kong Typology（香港タイポロジー）。

受賞	栄誉賞
応募国	スイス
書名	Teaching Architecture: 3 Positions Made in Switzerland, Istituto Svizzero di Roma, Venice branch （建築の授業　ヴェネツィア建築ビエンナーレ　3つの展示会のブックレット［ローマ、スイス研究所］）
編著	Emanuel Christ, Christoph Gantenbein, Basel; Nele Dechmann, Victoria Easton, Zürich（Hongkong Typology）
発行	gta Verlag, Zürich（Hongkong Typology）
サイズ	210×149×8mm

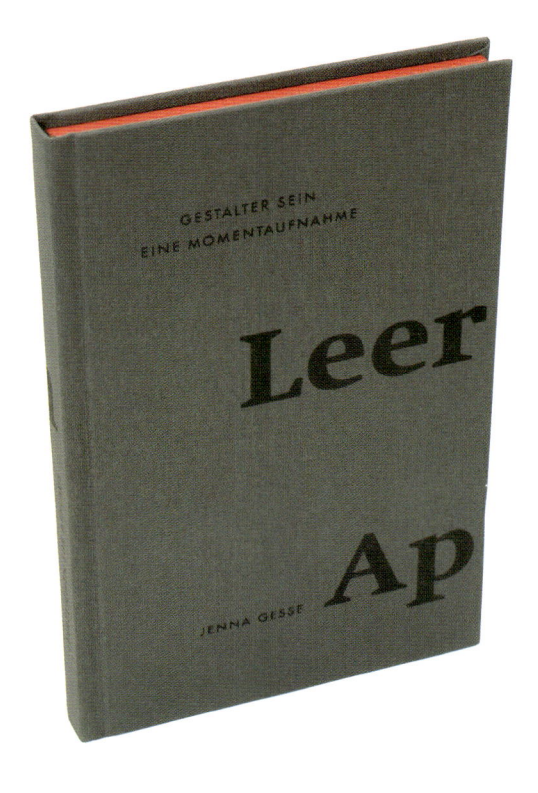

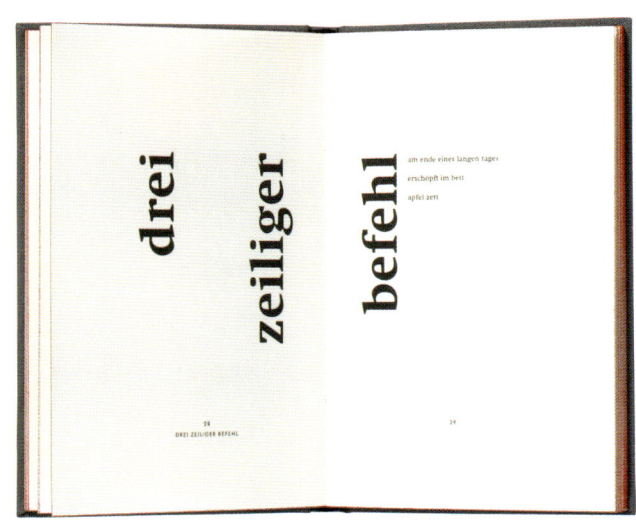

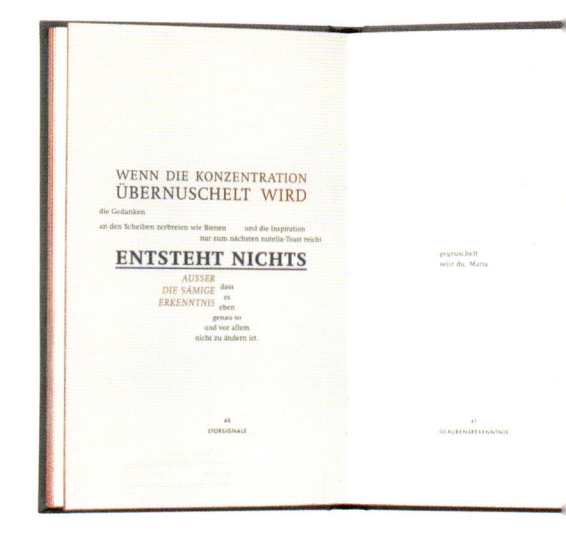

実験的な組版と凝った造本の本

この本は、卒業論文を書く過程でできあがった、新米デザイナーの言語とタイポグラフィに対する取り組みである。すべての頁で多様な組版を試す実験が行われている。クロス表紙のタイトルの印刷はシルクスクリーンで、本の小口は15種類(色)ある。気取らず地味だが、内容が飛び抜けて濃い傑作。

受賞	栄誉賞
応募国	ドイツ
書名	Leerzeichen für Applaus Gestalter sein. Eine Momentaufnahme (拍手のためのスペース記号 　デザイナーであること　スナップショット)
著者	Jenna Gesse
発行	個人出版 Jenna Gesse, Bielefeld (2011年からVerlag Niggli, Sulgen)
サイズ	186×115×8mm

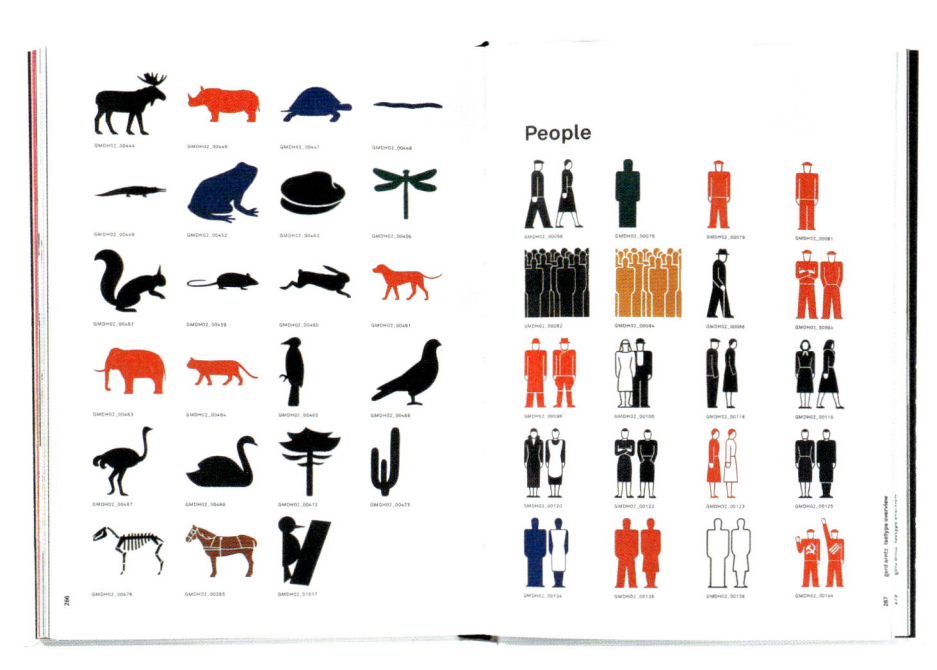

見ればすぐわかるアイソタイプの本

オーストリア出身の教育者・哲学者オットー・ノイラートとイラストレーターのゲルト・アーンツによってデザインされた非言語記号、アイソタイプ。本書はアーンツが残したアイソタイプやピクトグラムを収録した作品集。洗練されすぎず、楽しい本になった。

受賞	銅賞
応募国	ドイツ、オランダ
書名	Gerd Arntz. Graphic Designer （ゲルト・アーンツ　グラフィックデザイナー）
編者	Ed Annink, Max Bruinsma
発行	010 Publishers, Rotterdam
サイズ	247×176×22mm

Germany
ドイツ

Die Schönsten deutschen Bücher

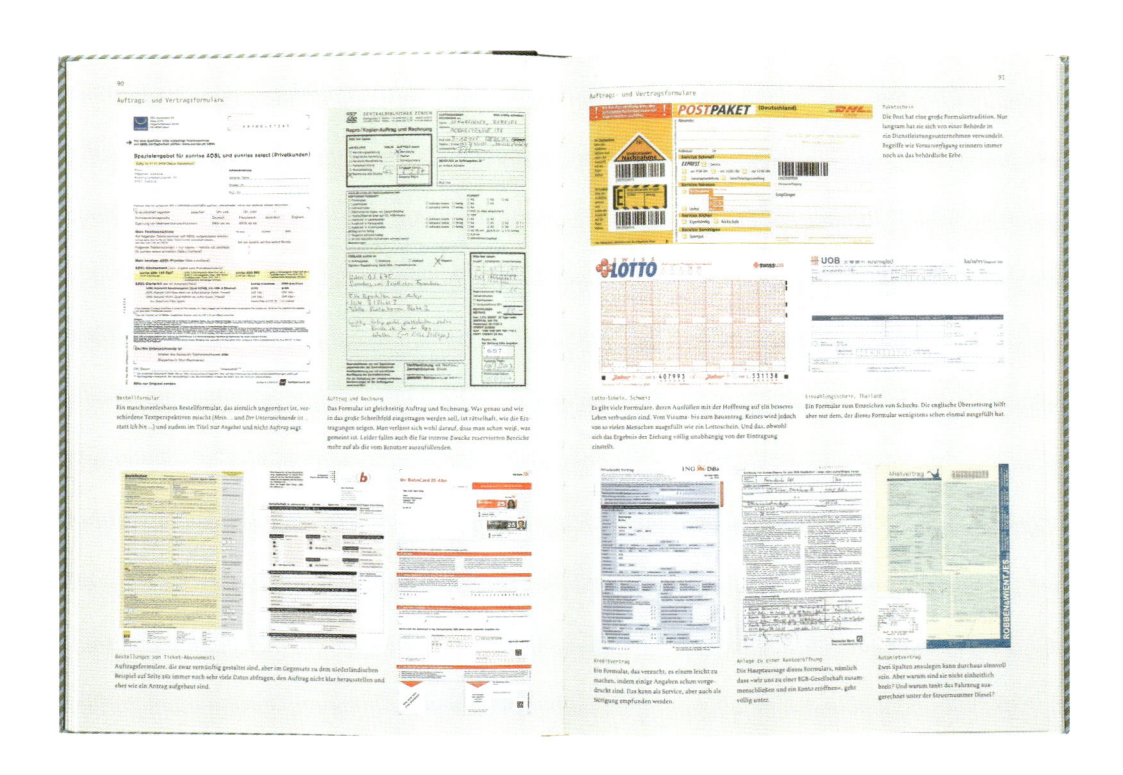

記入用紙だけを集めた珍書

役所への届出書類やエントリーフォームなど、ありとあらゆる記入用紙を集め、それぞれの説明と分析を行った本。表紙、背、見返しの青と緑のハーモニーが美しい。基本書体とタイプライター文字の組み合わせもこの本の主旨とよく合っている。

書名 　Formulare gestalten.
　　　　Das Handbuch für alle, die das Leben einfacher machen wollen
　　　　（書式デザイン
　　　　　生活をシンプルにしたいすべての人たちのためのハンドブック）
著者　Borries Schwesinger
発行　Verlag Hermann Schmidt, Mainz
サイズ　300×215×31mm

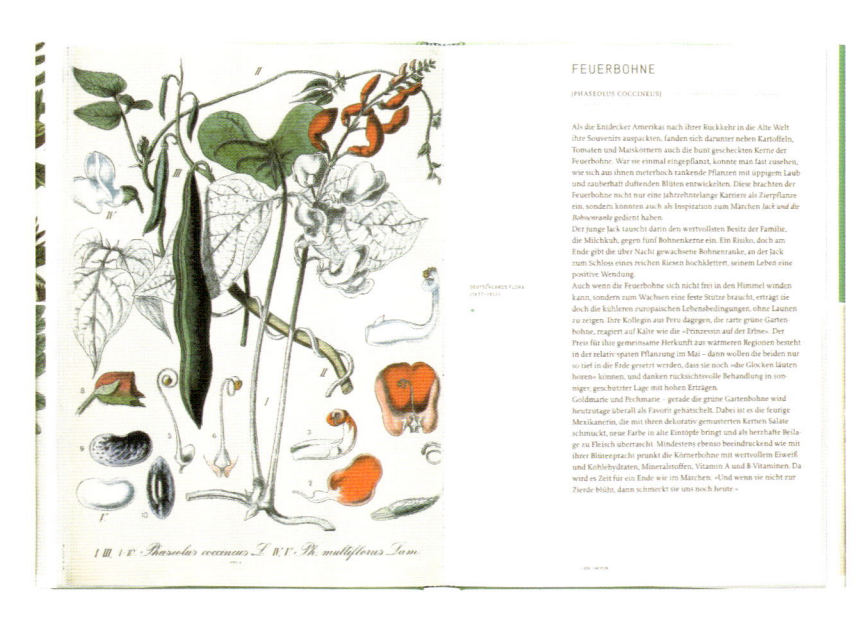

忘れられた野菜品種のイラスト集

忘れられた野菜の品種を新たに発見させる本。蔓がのびるような文様と1頁使いの古い植物図解が交互に現れる構成。繊細なタイポグラフィや見慣れない合字（2つの文字をあわせた文字）が美しい2色で印刷され、ノスタルジックでモダンな雰囲気になっている。

書名　Mangold und Pastinake
　　　Vergessene Gemüsesorten neu entdeckt
　　　（マングルとパースニップ　忘れられた野菜の品種を新たに発見する）
著者　Elke Achtner-Theiss, Sabine Kumm
発行　Jan Thorbecke Verlag, Ostfildern
サイズ　245×170×18mm

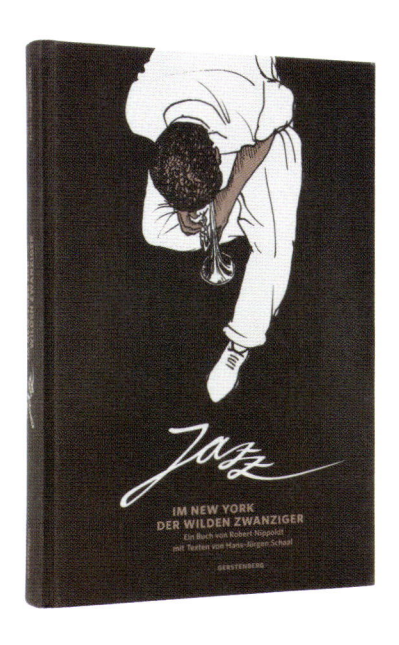

NYのジャズシーンを描いたイラストブック

1920年代ニューヨークのジャズスポットやミュージシャンをイラストと文章、CDで紹介した本。マットで質感のある紙に3色で印刷され、内容にふさわしい雰囲気に仕上がっている。変化に富んだレイアウトが緊張感を高め、音楽への情熱を呼び起こしてくれる。

書名　Jazz. Im New York der wilden Zwanziger
　　　（ジャズ　ワイルドな20年代のニューヨーク）
著者　Robert Nippoldt, Hans Jürgen Schaal
発行　Gerstenberg Verlag, Hildesheim
サイズ　345×220×30mm

白を基調とした日本人建築家の作品集

世界的に評価されている建築家SANAA（妹島和世＋西沢立衛）が手がけた建築やインテリアデザインをまとめたコンセプトブック。作品撮影はイタリアの写真家、ウォルター・ニーダーマイヤー。白を基調とした彼らの建築イメージにあった造本でまとめられている。

書名　Walter Niedermayr / Kazuyo Sejima + Ryue Nishizawa / Sanaa
　　　（ウォルター・ニーダーマイヤー　妹島和世＋西沢立衛　SANAA）
発行　Hatje Cantz Verlag, Ostfildern
サイズ　305×300×16mm

金属板で接合された2冊組の建築作品集

洗練されたハイテク建築で知られる建築家、ノーマン・フォスターの仕事をまとめた作品集。別々になった建築写真の巻と文章の巻が、アルミの板でつながっている。アルミのシルバーとグリーンのクロス（布）の対比が美しく、外箱もその配色が踏襲されている。

書名　Foster 40. Projects and Themes
　　　（フォスター40　プロジェクトとテーマ）
著者　Lord Norman Foster
発行　Prestel Verlag, München / Berlin / London / New York
サイズ　215×215×25mm

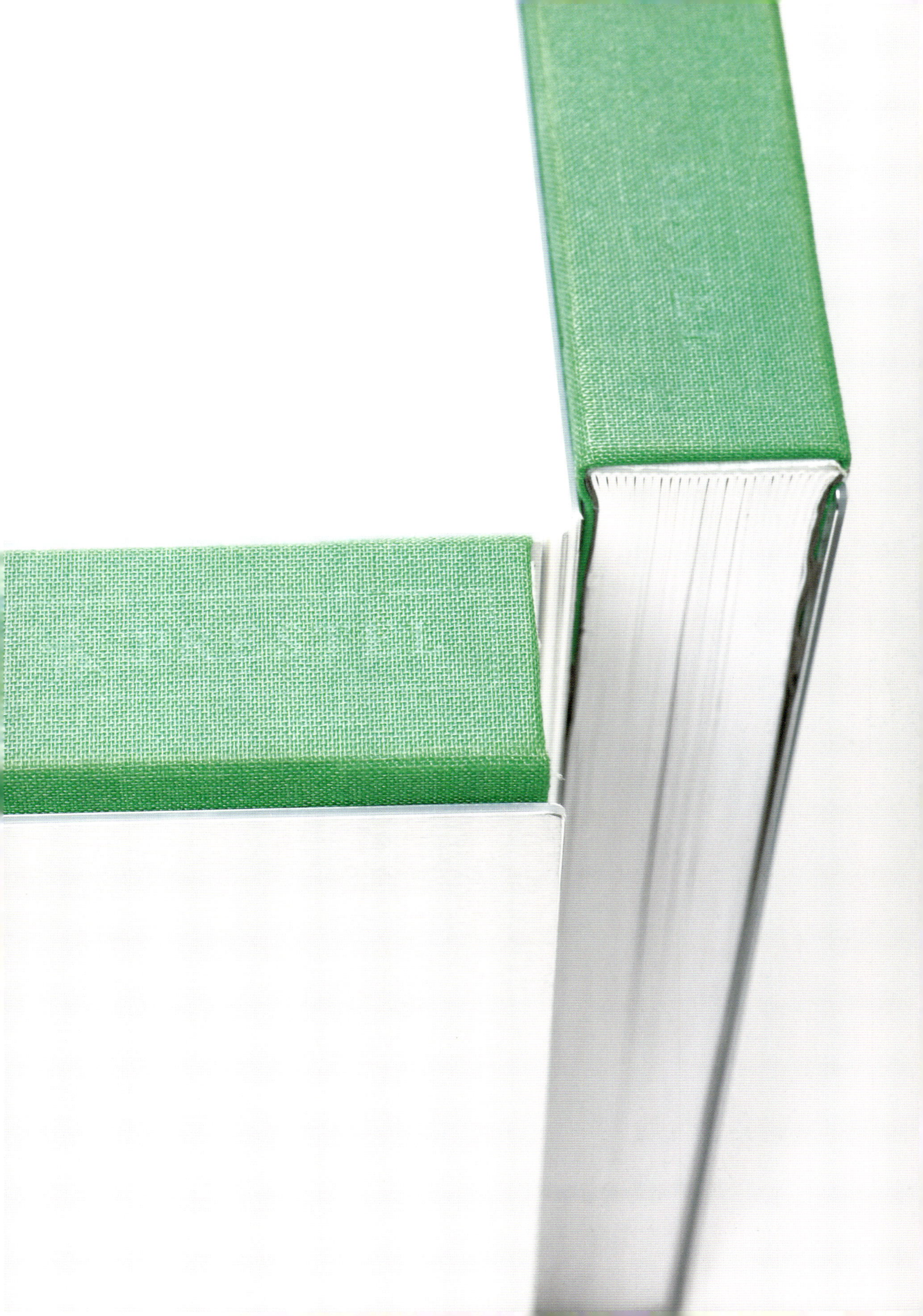

複雑な要素をまとめた造形学校の100年史

100年にわたるビーレフェルト造形学校の活動を回顧する本。ページを2分割した複雑なレイアウトによって素材を区分けしていながらも、全体は明確で見通しやすい。多種多様な図版やテキストを統合するという課題を非常にうまく解決している。

書名 Werkkunst. Kunst und Gestaltung in Bielefeld 1907-2007
（作品・芸術　ビーレフェルトの芸術と造形 1907-2007）
著者 Andreas Beaugrand, Gottfried Jäger, Antje Kellersohn 他
発行 Verlag für Druckgrafik Hans Gieselmann, Bielefeld
サイズ 285×213×32mm

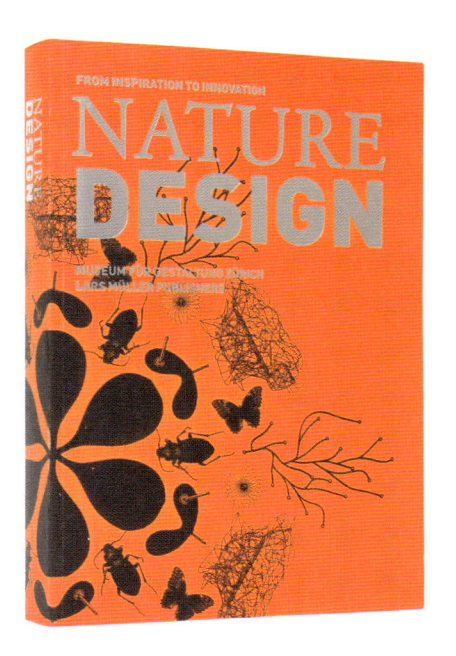

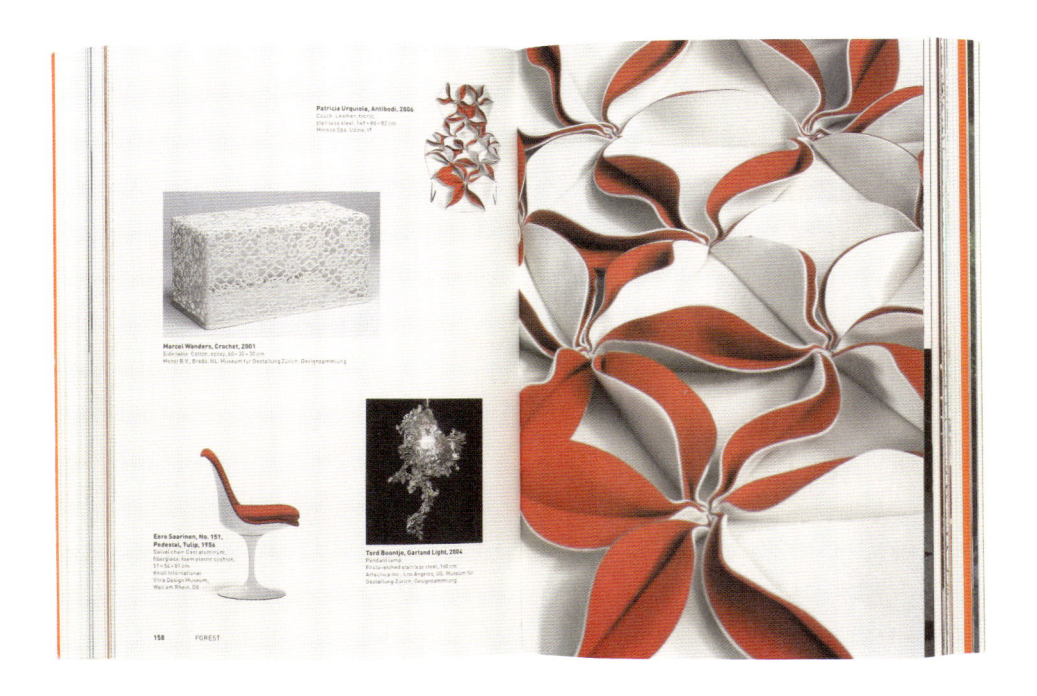

自然をテーマにしたプロダクトの展覧会の図録

海や森など自然をテーマにした造形やプロダクトデザインを集めた展覧会「Nature Design」のカタログ。繊細で清潔感のある組流しのタイポグラフィによるデータの扱いが、再現性の高い図版にうまく組み合わされている。

書名　Nature Design（自然のデザイン）
編者　Museum für Gestaltung Zürich, Angeli Sachs
発行　Lars Müller Publishers, Baden
サイズ　240×166×26mm

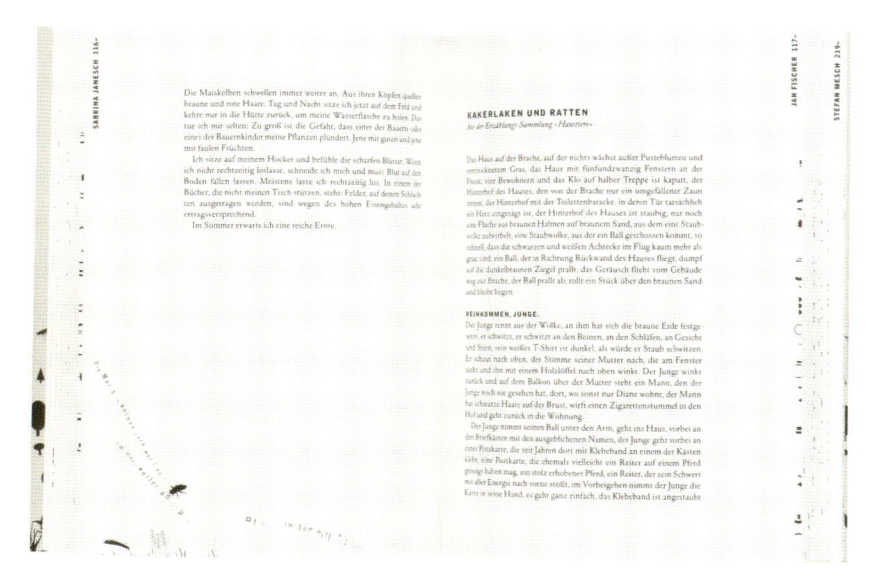

ふちぎりぎりに印刷された小さな模様

大学生が毎年恒例の学校のプロジェクトで制作した本。表紙と本の縁につけられた、ばらばらにまかれて偶然位置しているような黒い影絵模様は、内容を指し示している。テキストは小さめだが読みやすく、美しい書体の組み合わせと変化に富んだレイアウトでまとめられている。

書名 Landpartie 07. Die dritte Jahresanthologie des Hildesheimer Studiengangs Kreatives Schreiben und Kulturjournalismus
（ピクニック07　ヒルデスハイム大学の課程、創造的創作と文化ジャーナリズムの第3年アンソロジー）
編者 Lisa-Maria Seydlitz, Lena Töpler, Lino Wirag, Lutz Woellert
発行 Glück & Schiller Verlag, Hidesheim
サイズ 190×140×13mm

一風変わったイタリア語の学習書

イタリア語をちょっと違う方法で学ぶための本。イタリア語のテキストの中の個々の単語が黄色でマークされ、その対向頁に単語の意味が書かれている。3種類の書体を組み合わせることで、すばらしいアイデアが造形的にもうまく表現されている。

書名　Io non ho paura（私は恐れない）
著者　Niccolò Ammaniti, Kay Bachmann
発行　個人出版 Kay Bachmann, Leipzig
サイズ　200×125×23mm

斬新な二つ折りのアート作品集

空間と文字をプレゼンテーションする、というテーマの展覧会図録。縦に折った本の、折り部分を広げると奥からテキストが見えるという空間を意識させる造本。表紙は展覧会で使った生地を再利用しており、展覧会とその図録がうまく結びついている。

書名　Hinan und hinab. Inszenierung von Text im Raum
　　　（上へそして下へ　空間の中のテキストの演出）
著者　Sophie Schiela, Helga Schmid
発行　個人出版 Sophie Schiela, Helga Schmid, Dachau／Mitterscheyern
サイズ　397×230×20mm

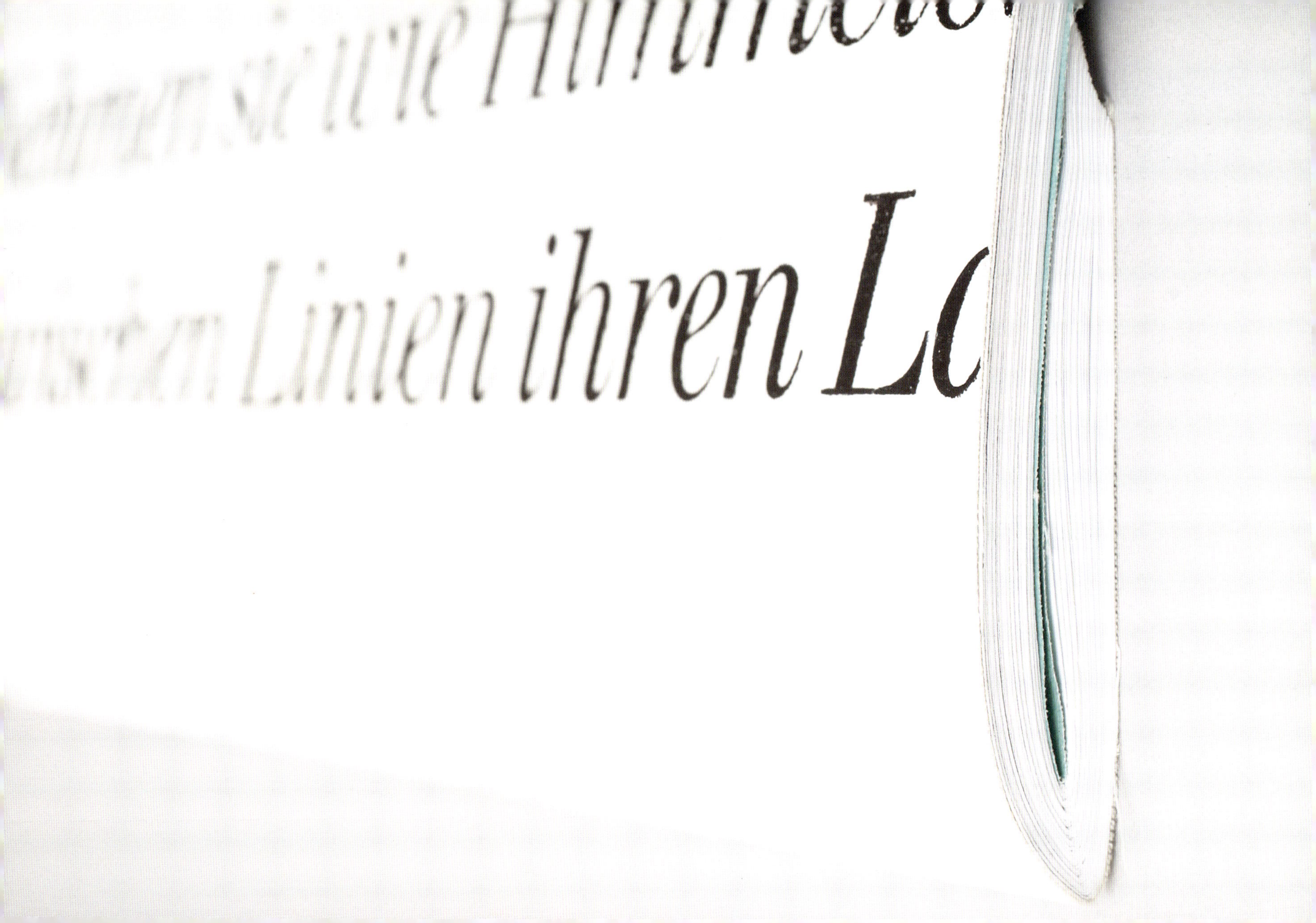
Linien ihren

064 | Germany

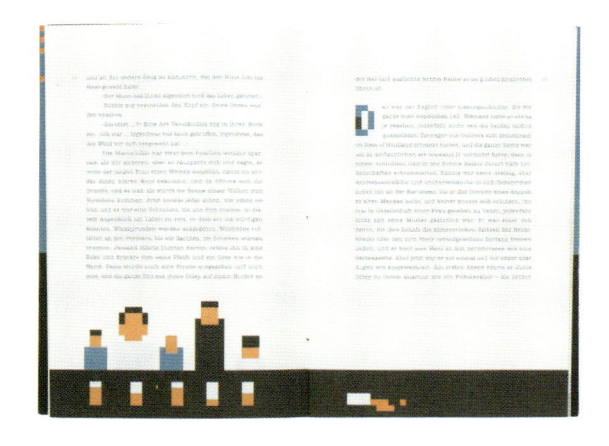

ドイツ 2008

ピクセル画の挿絵が効いている小説

特色刷りの中とじの物語シリーズ。本書では、舞台となるシェットランド諸島の折りたたみ地図の付録もついている。クリストフ・ニーマンのウィットに富んだピクセル画がこの本のイメージを決定している。

書名　Windsbraut. Die Tollen Hefte Nr.31
　　　（旋風　トーレンヘフト・シリーズ31）
著者　Tom Coraghessan Boyle
発行　Büchergilde Gutenberg, Frankfurt am Main
サイズ　205×135×4mm

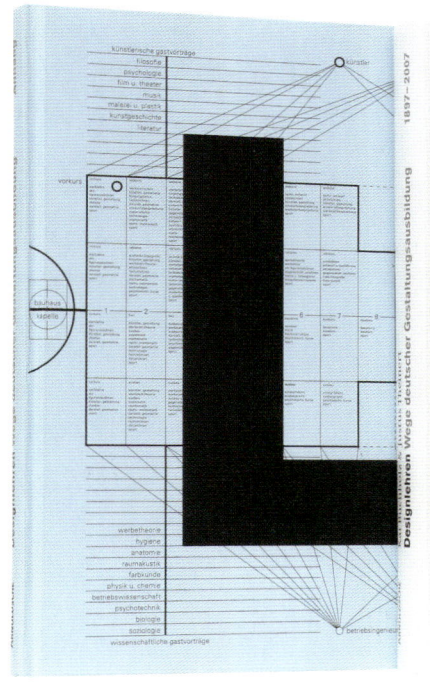

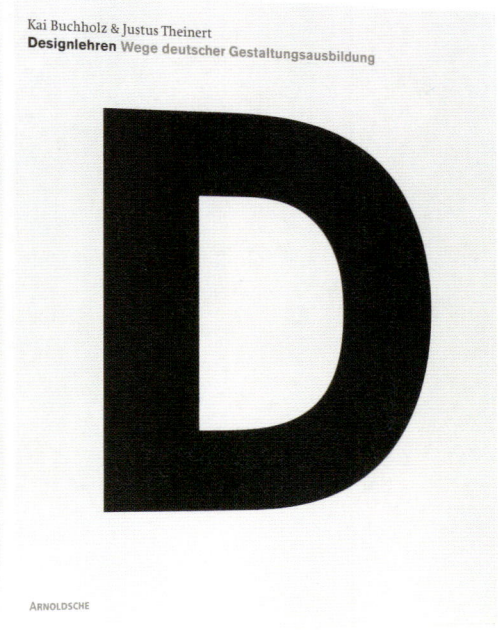

磁石でくっつく2巻組の本

ドイツのデザイン学の発展をまとめた研究書。写真とテキストの2巻に分かれ、それぞれの表紙が磁石でくっつき、外箱がいらない独創的な装丁になっている。表紙、前後の見返し、裏表紙と、本のタイトルを1文字ずつ配置している。

書名	Designlehren
	Wege deutscher Gestaltungsausbildung 1897–2007
	(デザイン学 ドイツの造形教育の道 1897–2007)
著者	Kai Buchholz, Justus Theinert
発行	Arnoldsche Verlagsanstalt, Stuttgart
サイズ	245×210×39mm

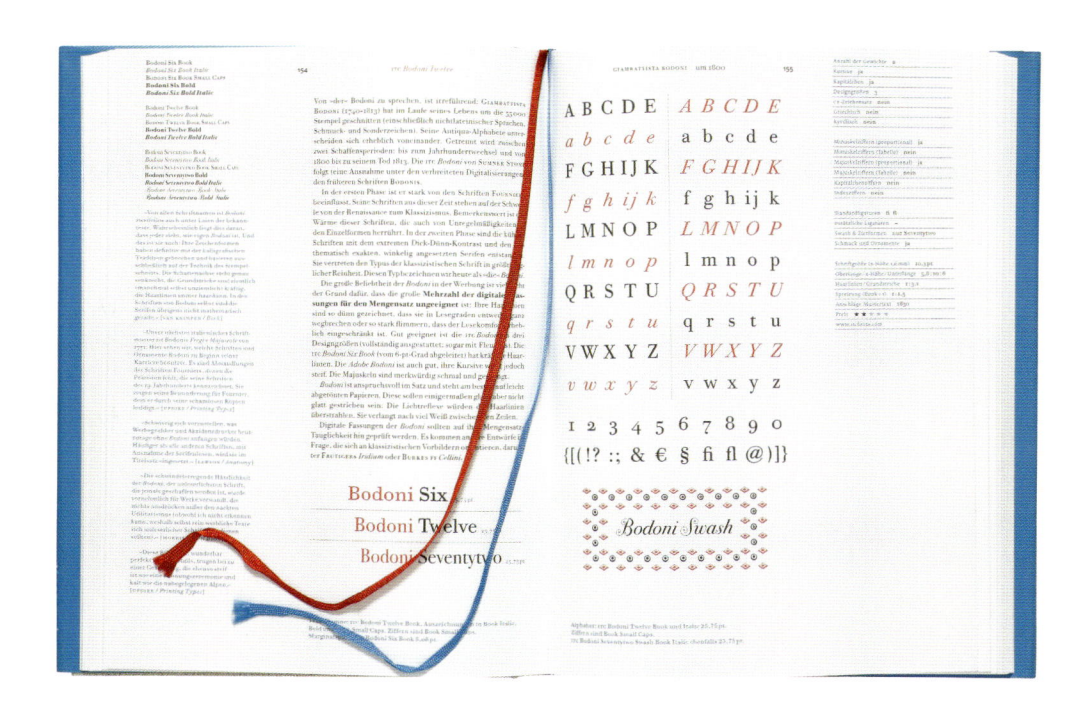

切り取り線の入った書体専門書

良質なタイポグラフィ書籍を刊行しているドイツの出版社から発行された欧文書体の専門書。それぞれの有名書体の解説や使い方のヒントが記されている。欄外に解説、中央に使い方を配し、その境目に切り取り線が入っている斬新な製本。

書名	Schriftwechsel
	Schrift sehen, verstehen, wählen und vermitteln
	(書体変更　文字を見、理解し、選択し、伝える)
著者	Stephanie de Jong, Ralf de Jong
発行	Verlag Hermann Schmidt, Mainz
サイズ	297×210×35mm

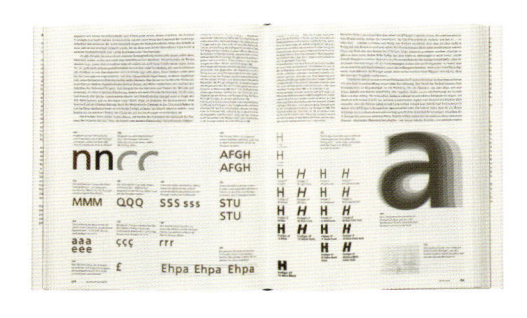

巨匠にふさわしい古典的で上質な装丁

世界的に有名な書体デザイナー、アドリアン・フルティガーがデザインした書体を集めた専門書。彼の80歳の誕生日を記念してつくられた。よくできたコンセプトに基づき、それぞれの書体ができた経緯、デザインプロセスなどが豊富な図版とともに詳細に記されている。

書名　Adrian Frutiger-Schriften. Das Gesamtwerk
　　　（アドリアン・フルティガーの書体　全作品）
編者　Heidrun Osterer, Philipp Stamm
発行　Birkhäuser Verlag, Basel / Boston / Berlin
サイズ　310×245×45mm

半透明の紙を効果的に使った装丁

第1部は、写真アルバムの形で展開されていて、章は半透明の紙で分けられている。第2部では、非常に細やかに組版されたテキストが、暗い茶色の色面で中断されながら並べられている。写真やイラストを組み合わせた作品で知られる小説家の展覧会カタログ。

書名　Wandernde Schatten
　　　W. G. Sebalds Unterwelt (Marbacher Katalog 62)
　　　（さすらう影　W.G.ゼーバルトの冥界［マールバッハ・カタログ 62］）
編者　Ulrich von Bülow, Heike Gfrereis, Ellen Strittmatter
発行　Deutsche Schillergesellschaft, Marbach am Neckar
サイズ　225×200×16mm

レイアウトのバランスが絶妙な建築作品集

建築家、マルセル・マイリイ、マルクース・ペーターの作品集。縦の本に建築写真が横向きに配置されている。洗練された構成、控えめなタイポグラフィ、細部まで気配りされた装丁がすばらしい。見開き頁の空間配置が、非常に効いている本である。

書名　Marcel Meili, Markus Peter 1987-2008
　　　（マルセル・マイリイ、マルクース・ペーター 1987-2008）
編者　Marcel Melil, Markus Peter Architekten
発行　Verlag Scheidegger & Spiess, Zürich
サイズ　275×200×36mm

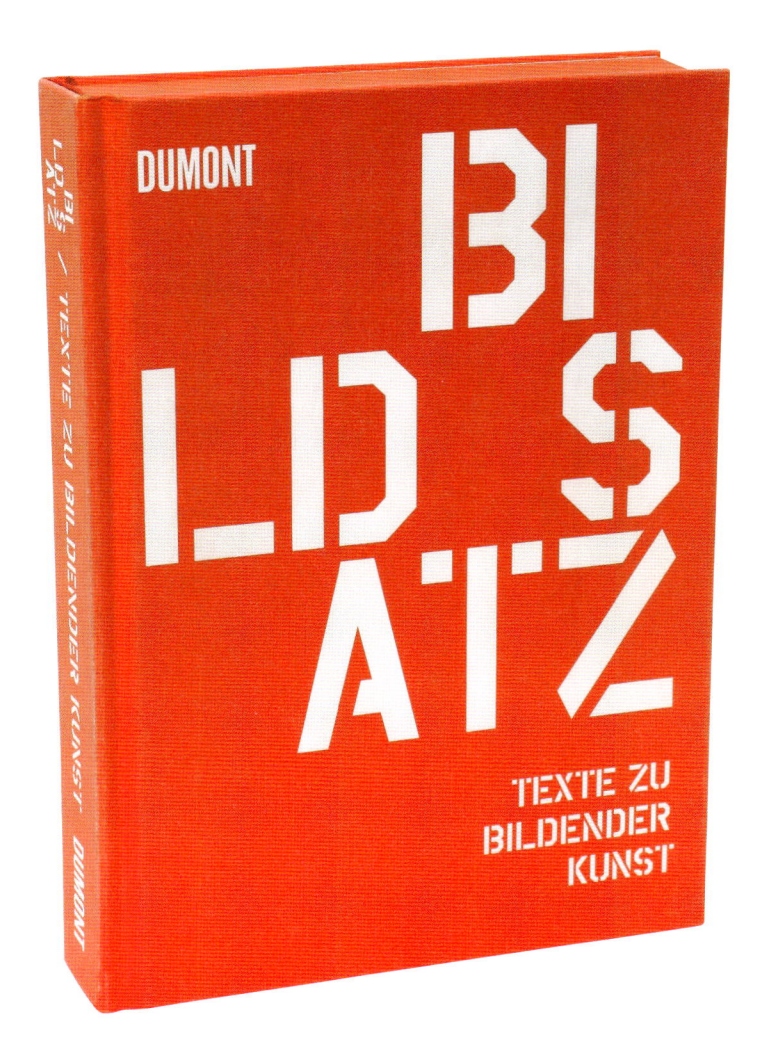

全体を赤で統一した美術評論集

現代美術の評論集。表紙、見返し、色面、文字、各章扉、これらの色の調子が正確に合い、気持ちのよい赤の調子がこの本全体を貫いている。小口まで赤く塗られており、製本の技術も非常に高い。本全体のコンセプトがそれ自体で非常に説得力があり、成功している。

書名　Bildsatz. Texte zu Bildender Kunst
　　　（画像・文 造形美術へのテキスト）
編者　Franz Josef Czernin, Martin Janda
発行　DuMont Buchverlag, Köln
サイズ　230×160×40mm

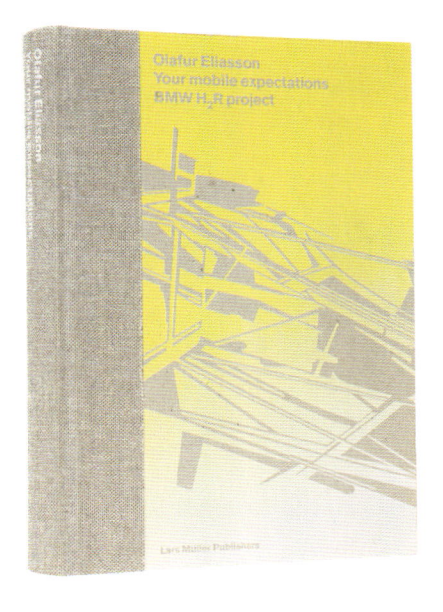

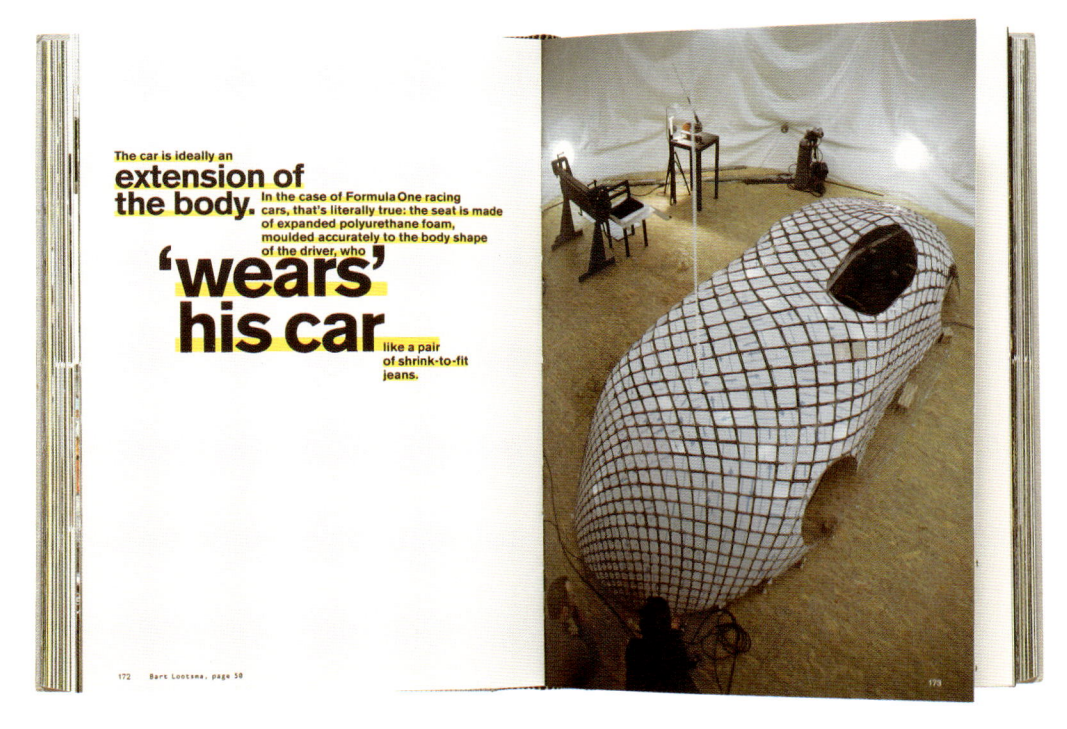

素朴なクロス装と蛍光色の対比が美しい本

アーティスト、オラファ・エリアソンがBMWのプロジェクトで制作した作品をまとめた本。クロスの装丁にビビッドな蛍光イエローの表紙、この色が中頁にもキーカラーとしてふんだんに使われている。スイスのデザイン書出版社から刊行された。

書名　Your mobile expectations. BMW H₂R project
　　　（未来の自動車　BMW H₂R プロジェクト）
著者　Olafur Eliasson
発行　Lars Müller Publishers, Baden
サイズ　210×147×31mm

モスクワの現代アート30年の軌跡

1960-90年のモスクワの現代美術を集めた本。背の赤い部分はクロス装で、表紙が紙貼り、タイトルの文字は型押し。中頁には片艶の紙が使われており、1見開きおきに艶の見開きが現れる。ドイツのほか、スイスでも受賞。

書名 　Die totale Aufklärung
　　　 Moskauer Konzeptkunst 1960-1990
　　　（完全解説　モスクワのコンセプチュアルアート　1960-1990）
編者 　Boris Groys, Max Hollein, Manuel Fontán del Junco
発行 　Hatje Cantz Verlag, Ostfildern
サイズ　230×160×40mm

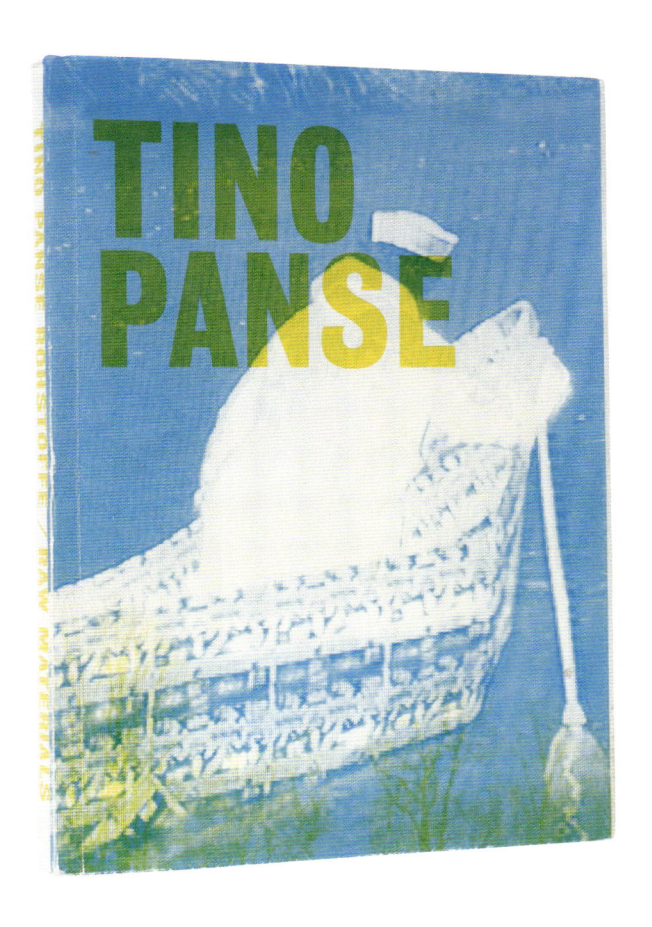

青焼きの用紙が本文用紙に

アーティスト、ティノ・パンセの作品集。文字が書かれた頁は、建築設計図などで使われる青焼きの紙に印刷、袋とじにしたユニークな本。ジャケットはなく、がんだれ（表紙を伸ばして折り返した装丁）表紙で軽やかな造本になっている。

書名 Rohstoffe. Raw Materials.（素材）
編者 Tino Panse
発行 Staatliche Akademie der Bildenden Künste, Stuttgart
サイズ 240×175×17mm

ドイツ 2008

世界的デザイン事務所の使いやすく美しい作品集

アメリカに本拠地を置く国際的に有名なデザイン事務所、ペンタグラムの作品集。どの作品も非常にクオリティが高い。今までの作品をアルファベット別に並べ、小口側に型抜きでインデックスをつけている。ペンタグラム（星形）にちなんだ5色のしおりつき。

書名　The Black Book（黒い本）
著者　Pentagram
発行　Pentagram Inc.,
　　　Berlin／London／New York／San Francisco／Austin
サイズ　240×165×35mm

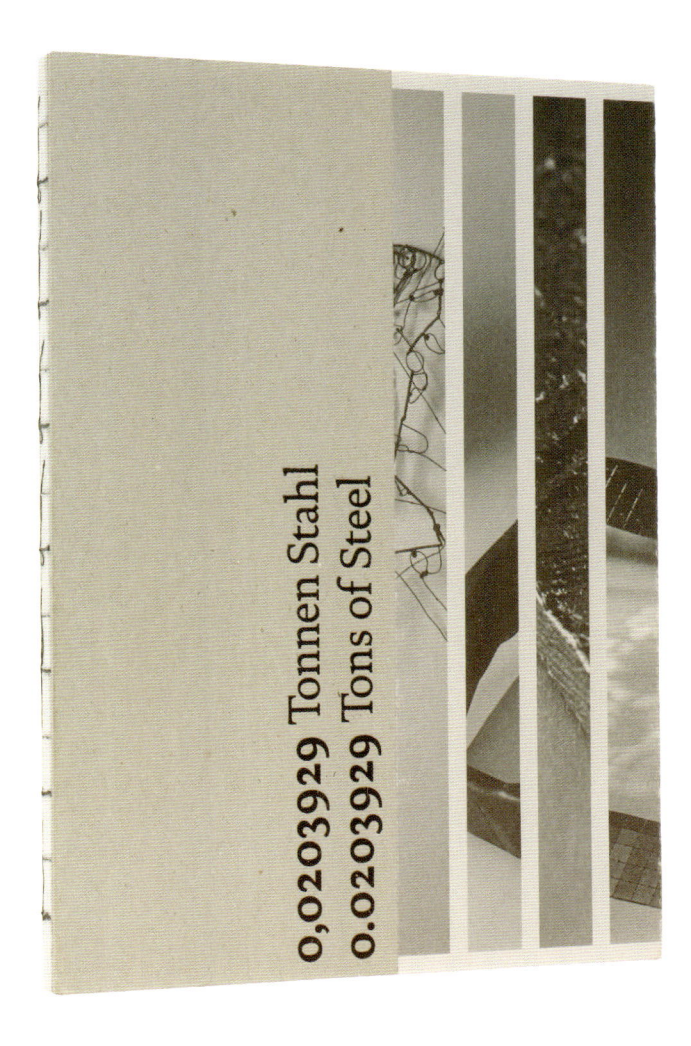

鋼鉄製プロダクトとアクセサリーの本

学生による鋼鉄を使ったアクセサリーやプロダクトの展覧会カタログ。背は糸かがりとじで、黒い糸が頁の中央に見えている。異なる紙を組み合わせた表紙には、中頁で紹介した作品写真を細長くスライスしたものを配置。控えめだが、好感が持てるブックデザイン。

書名　0,0203929 Tonnen Stahl（0.0203929トンの鋼鉄）
著者　Elisabeth Holder, Barbara Maas, Jutta Vondran, Ruprecht Vondran
発行　Fachhochschule Düsseldorf, Kolloquium NRW, Düsseldorf
サイズ　240×165×15mm

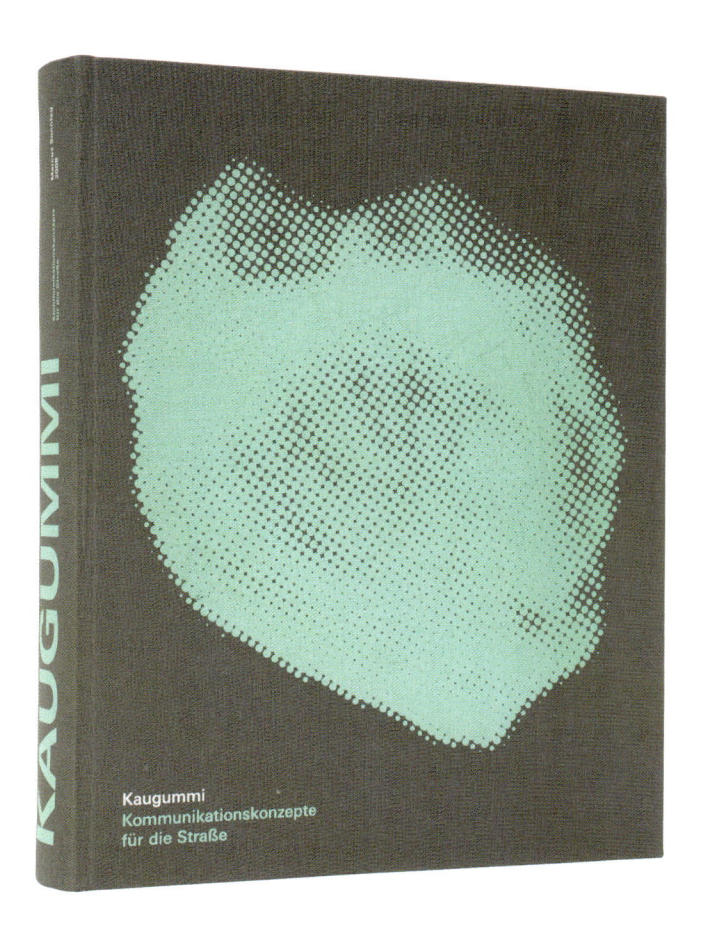

ガムの吐き捨て防止キャンペーンの記録集

ドイツでは、路上に吐き捨てられたガムを取り除くための清掃費として、年間9億ユーロもの費用がかかっている。この本は、ガムの吐き捨てをやめさせるキャンペーンの様子を記録したユニークな本。様々なアイデアのポスターを見ているだけで楽しい。

書名　Kaugummi. Kommunikationskonzepte für die Straße
　　　（チューインガム　路上でのコミュニケーションコンセプト）
著者　Marcus Sonntag
発行　個人出版 Marcus Sonntag, Wuppertal
サイズ　274×215×37mm

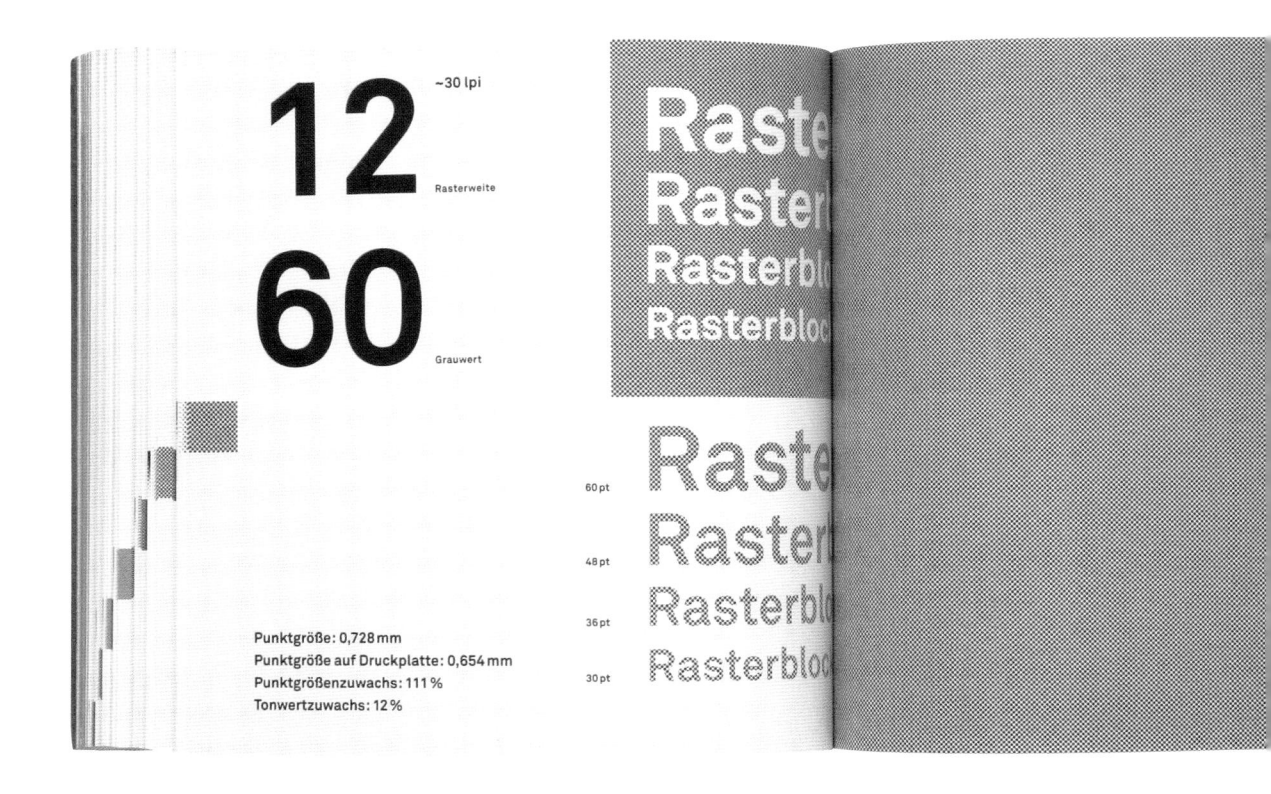

網点だけを集めたマニアックな見本帳

様々なサイズと密度の網点を掲載した、デザイナーのための印刷見本帳。外側のプラスチック製ケースにも網点が印刷され、そこに入れるとタイトルが浮かび上がるしかけになっている。正方形の判型もハンディでかわいらしい。

書名 　Rasterblock
　　　　Weiten, Winkel und Effekte-punktgenau gestalten
　　　　（網目スクリーンブロック　幅、角度、効果――正確に造形する）
著者 　Clemens Hartmann, Arne Schneider
発行 　Verlag Hermann Schmidt, Mainz
サイズ　170×170×27mm

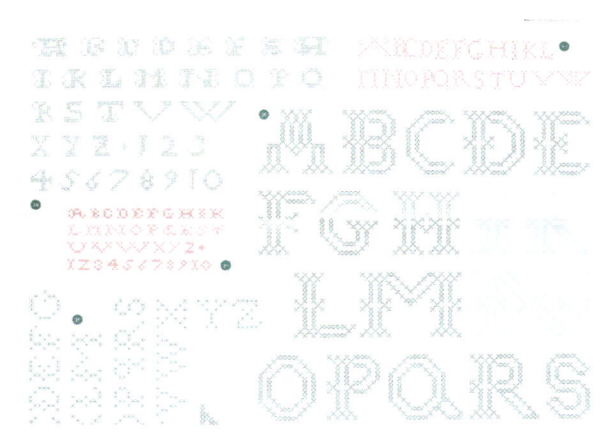

078 | Germany
ドイツ 2009

思わずほしくなる! 刺繍の図案解説書

刺繍についての導入的解説20章と60点の図案が体系的に整理され収められている本。特色3色印刷の外箱の中に、本と7枚の折り込み（刺繍の図案集）を収録。デザインは簡素であるが、タイポグラフィは細かく、様式も一貫している。

書名　Letterlap
　　　Gesticke Schrift. Zwanzig Stichpunkte zur Geschichte einer textilen Schreibtechnik.
　　　（レターラップ
　　　刺繍文字テキスタイル書写技術の歴史に関する20のキーワード）
著者　Jan Wenzel
発行　Institut für Buchkunst Leipzig an der Hochschule für Grafik und Buchkunst, Leipzig
サイズ　305×215×23mm

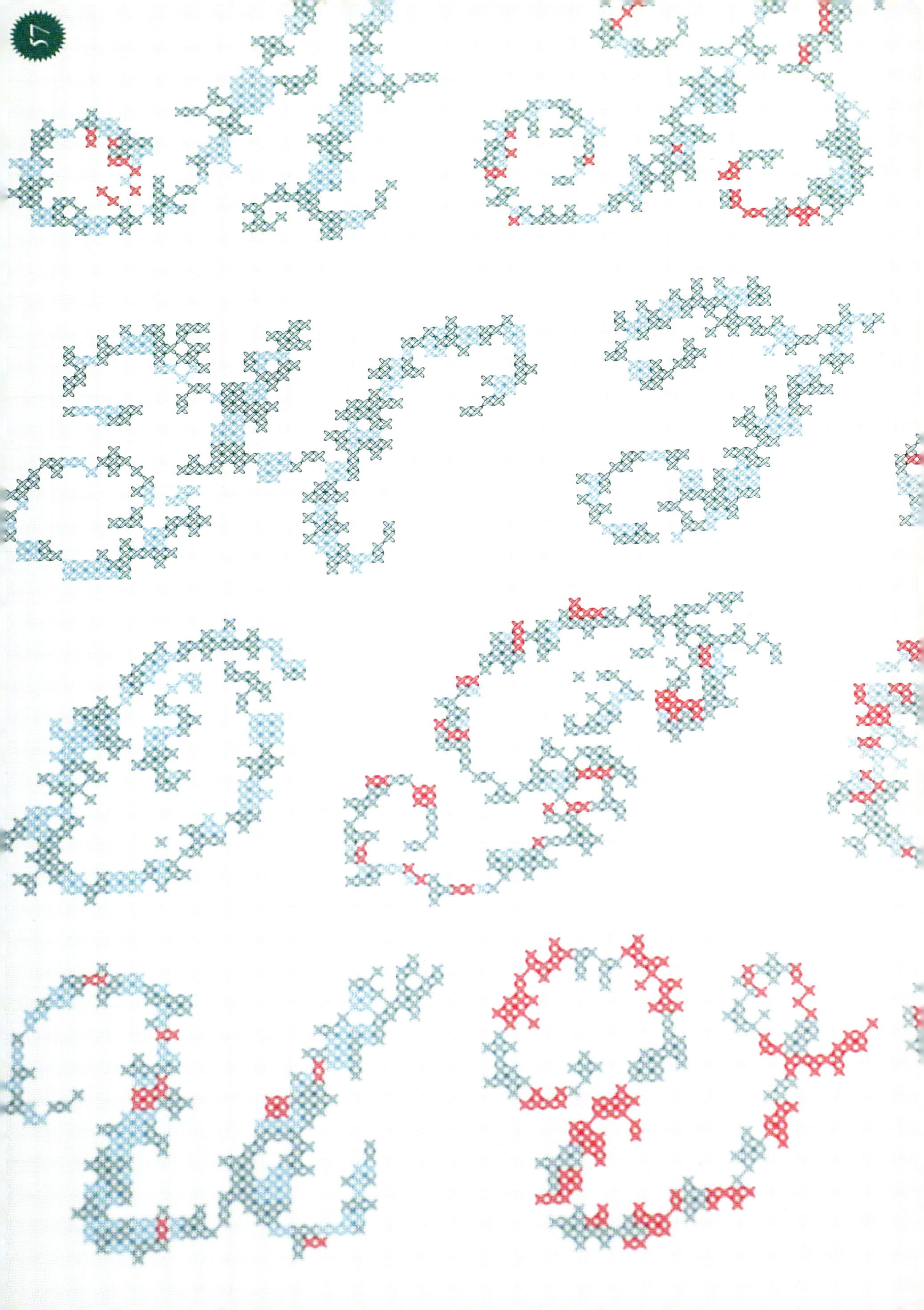

カバーを広げるとポスターになる小さな作品集

グラフィックデザイン史の中で傑出したデザイナーやブランドをA5判で紹介するシリーズ。強力なシリーズコンセプトでありながら、それぞれが個性的。フォルムは洗練され、完璧に制作されている。広げるとポスターになるジャケットデザインもおもしろい。

書名　A5/01: Hans Hillmann（ハンス・ヒルマン）
　　　A5/02: Philips-Twen（フィリップス）
　　　A5/03: Celestino Piatti + dtv（チェレスティノ・ピアッティ + dtv）
編者　Jens Müller
発行　Lars Müller Publishers, Baden
サイズ　210×150×10mm

表紙から背、裏まで続くタイトル

2冊組の文学評論集。タイトルは、外箱の表側と裏側、また本の背にも印刷され、厚紙の非塗工面を表紙部分に用いて、全体的にさりげなさを演出している。デザインが保守的になりがちなテーマを、モダンで変化に富んだ造形コンセプトや洗練された組版で魅せている。

書名 Doppelleben
　　　Literarische Szenen aus Nachkriegsdeutschland
　　　（二重生活　戦後ドイツの文学シーン）
編者　Helmut Böttiger, Bernd Busch, Thomas Combrink
協力　Lutz Dittrich
発行　Wallstein Verlag, Göttingen
サイズ　240×160×69mm

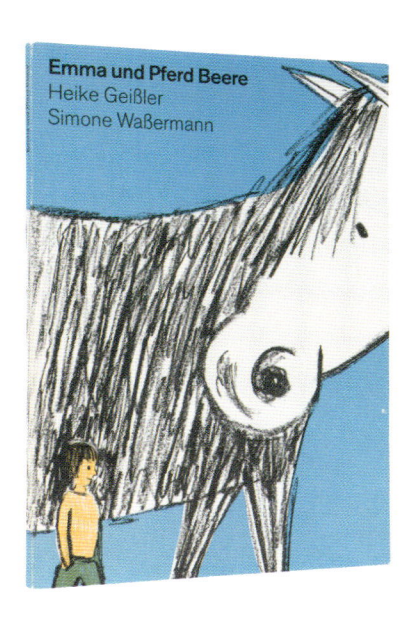

良質な質感の子ども向け絵本

馬と小さな女の子の友情をテーマにした絵本。生き生きとした
タッチ、美しく変化に富んだ色彩が印象的。文字組も読みやすく、
絵の構成を妨げていない。視覚的にとても心地よく、他の絵本と
比べて質感も際立っている。

書名　Emma und Pferd Beere（エマと馬のベーレ）
著者　Heike Geißler, Simone Waßermann
発行　Lubok Verlag, Leipzig
サイズ　320×230×8mm

古代ギリシャの神々のイラスト絵本

古代ギリシャの神々を独創的に紹介した絵本。折りたたみの図表、人名索引、ギリシャ・ローマの神々の名前リストつき。特色3色印刷で、明るく楽しい感じに仕上がっている。構成のよさと明快なタイポグラフィが複雑な物語をシンプルに語っている。

書名　Neon Pantheon. Die Welt der griechischen Götter
　　　（ネオン・パンテオン　ギリシャの神々の世界）
著者　Katja Barthel, Nadine Prange
発行　個人出版 Nadine Prange, Leipzig
サイズ　260×204×11mm

古紙を使った、エコ関連の建造物集

ソーラーパネルやLEDなど、エコに取り組んでいる建築物を集めた専門書。本文では100%の古紙を使いながらも写真がきれいに印刷されており、印刷、組版のレベルも非常に高い。製本、素材の取り合わせも、エコというこの本のテーマによく合っている。

書名　Gebäudeintegrierte Photovoltaik. Ein Handbuch
　　　（建物に統合された光起電力　ハンドブック）
著者　Simon Roberts, Nicolò Guariento
発行　Birkhäuser Verlag, Basel / Boston / Berlin
サイズ　270×209×20mm

楽しみながら読める美術館教育教材

子どものための美術館教育の本と教材。子どもにアートを見せるときのワークブックとして使えるように制作された。ハトメでとめた袋とじの頁の間にカードがはさまっており、楽しみながら美術館教育について学べるよう、造本も工夫されている。

書名　Adolf Hölzel für Kinder（子どものためのアドルフ・ヘルツェル）
著者　Julia Hagenberg
発行　Kunstmuseum Stuttgart, Stuttgart
サイズ　250×195×4mm

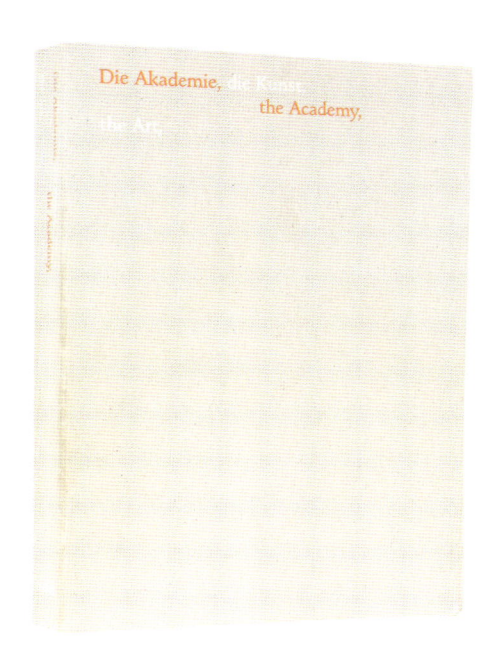

3つのテーマを異なる紙と製本で表現

書名の「アカデミー、芸術、教授たち」という3つの部分が、そのまま本書の構成にも反映され、それぞれ違う紙、違う斜め断裁になっている。本文では、エッセイ、写真、作品紹介によって各教師の気質、テーマ、立ち位置などを紹介。組版も美しく読みやすい。

書名 Die Akademie, die Kunst, die ProfessorInnen
21 Lehrende der Fachgruppe Kunst an der Staatlichen Akademie der Bildenden Künste Stuttgart
（アカデミー、芸術、教授たち
シュトゥットガルト国立美術アカデミーの芸術専科グループの21人の教師）
編者 Staatliche Akademie der Bildenden Künste Stuttgart
発行 modo Verlag, Freiburg im Breisgau
サイズ 210×160×25mm

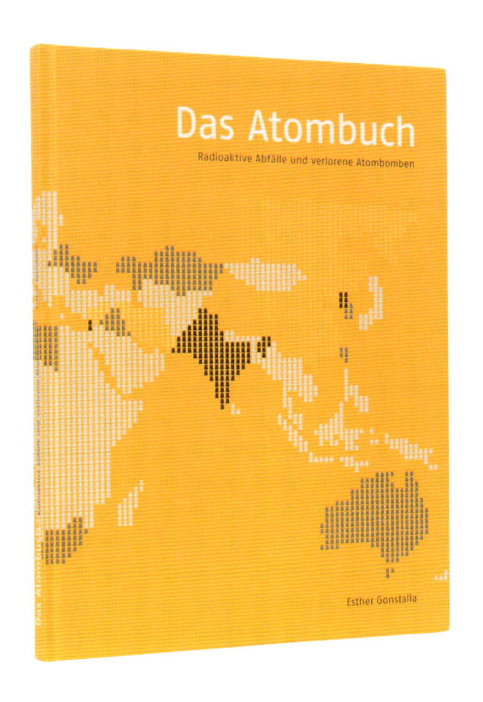

放射性廃棄物の分布を示すショッキングな図解本

放射性廃棄物や原子爆弾の分布を地図と文章で視覚化した本。ショッキングなデータを、蛍光オレンジの色面と文字によって鮮明に伝えている。もう少し小さい判型でも収まりそうだが、この大きさがテーマの緊急性を強調しているとも考えられる。

書名	Das Atombuch Radioaktive Abfälle und verlorene Atombomben （原子の本　放射性廃棄物と紛失した原子爆弾）
著者	Esther Gonstalla
発行	個人出版 Esther Gonstalla, Münster
サイズ	336×246×14mm

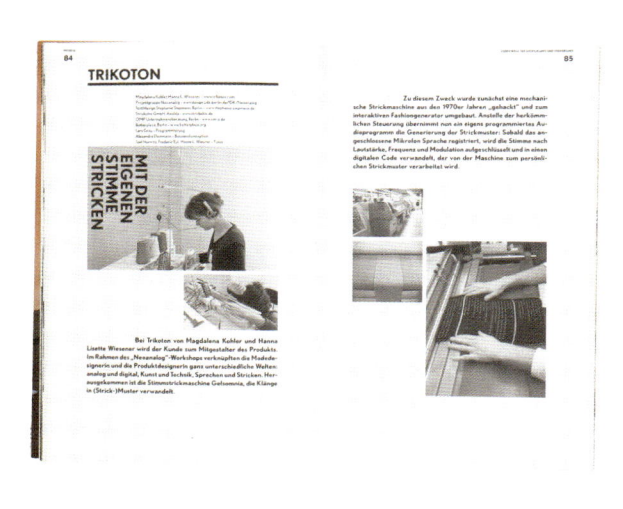

5つの小冊子が蛇腹状に連なる特殊な製本

中小企業とデザイナーの協同を促進させるプロジェクトの小冊子。5つの小冊子が表紙と裏表紙で互いにつながるという独特な造本。伸ばすと長い1枚になる表紙の紙の表裏を使い分け、外側では機械的に、内側では有機的にこれまでのプロジェクトを紹介している。

書名　Design Reaktor Berlin. Ein angewandtes Forschungsprojekt der Universität der Künste Berlin
（デザイン反応装置ベルリン
　ベルリン芸術大学応用研究プロジェクト）
編者　Axel Kufus, Judith Seng, Marc Piesbergen, Joachim Schirrmacher
発行　Universität der Künste, Berlin
サイズ　225×145×15mm

サイズの違う頁が連なるアート作品集

アーティスト、ヘルムート・ディーツの展覧会カタログ。大きさの異なる頁が次から次へと現れる。判型の変化はそれ自体が人為的なものではなく、芸術家の作品そのものを指し示している。細長い判型もプロポーションからして正しい選択。

書名　Helmut Dietz（ヘルムート・ディーツ）
編者　Staatliche Akademie der Bildenden Künste, Stuttgart, EXP. edition, Stuttgart
発行　EXP. edition, Stuttgart
サイズ　248×181×14mm

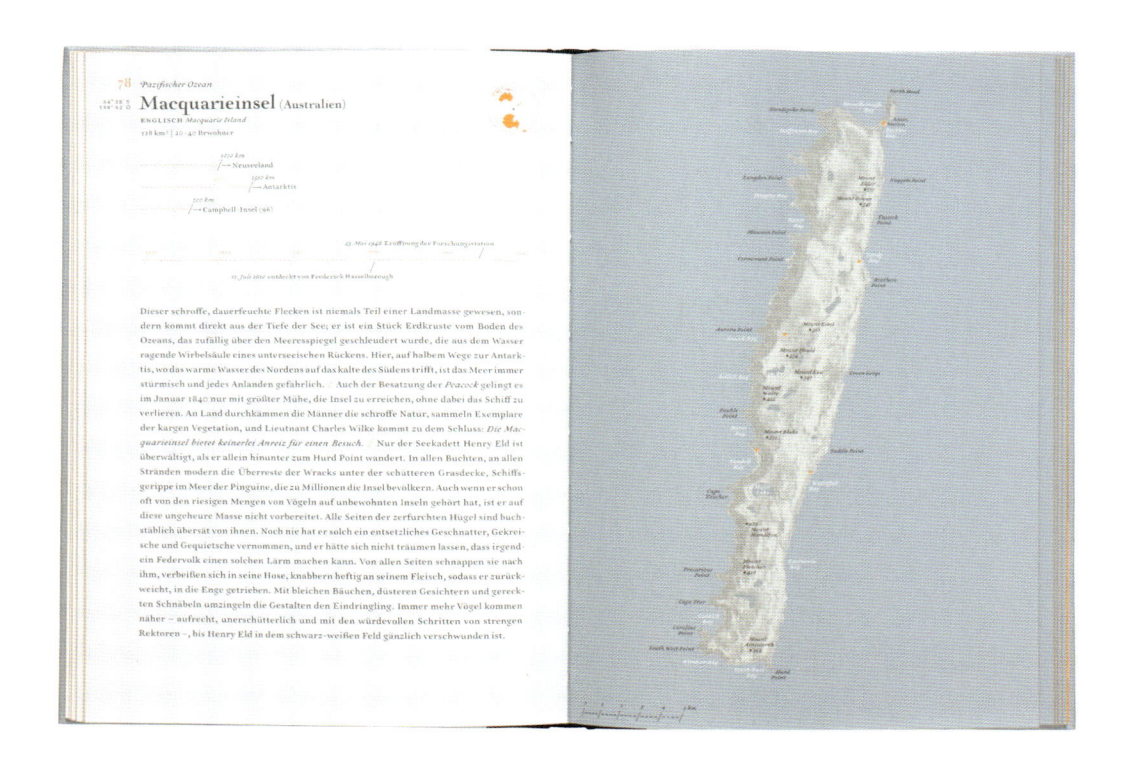

センスよくまとめられた無人島の本

50の無人島を集めた本。右頁に島のイラスト地図、左頁に島の説明を掲載。ブルーグレー、オレンジ、黒の3色のコンビネーションが美しい。島や地図も非常に繊細に描かれており、本文組版のクオリティも高い。全体的に大変センスよくまとめられている。

書名	Atlas der abgelegenen Inseln
	Fünfzig Inseln, auf denen ich nie war und niemals sein werde
	（離島の地図
	私が行ったこともなく、けっして行かないであろう50の島）
著者	Judith Schalansky
発行	mareverlag, Hamburg
サイズ	264×187×16mm

091 | Germany

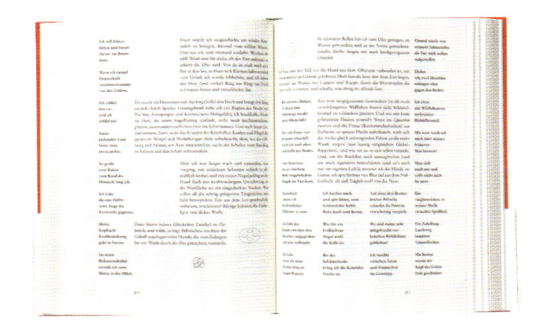

ドイツ 2010

タイトルのない表紙、ランダムな組版の本

透けすぎる本文用紙により常に意識される「その前」と「その後」が、読者の時間とこの叙情的な物語の空間を結びつけている。巧妙な組版により、透けることによる読みにくさは回避されている。

書名　Die ganze Zeit（すべての時間）
著者　Osward Egger
発行　Suhrkamp Verlag, Berlin
サイズ　243×173×44mm

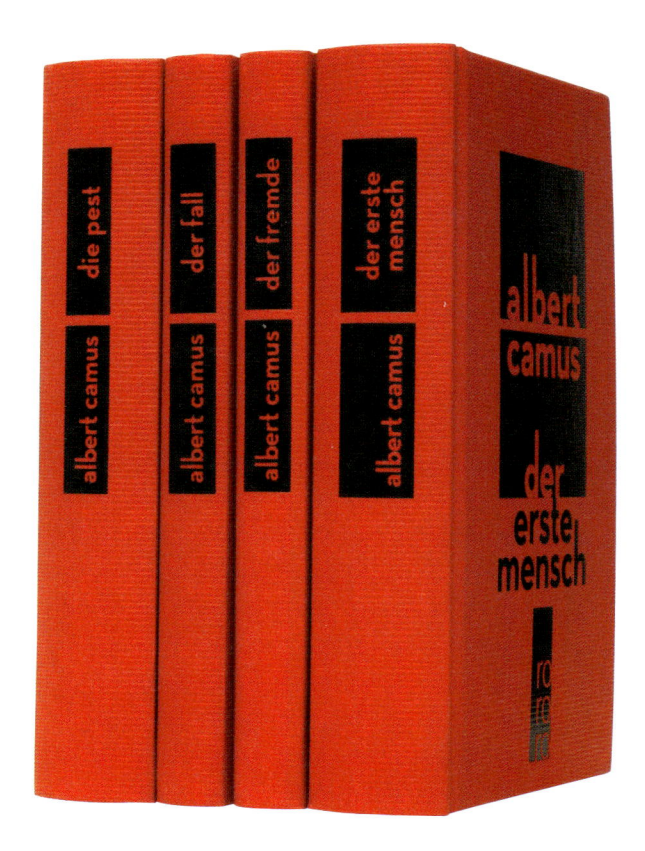

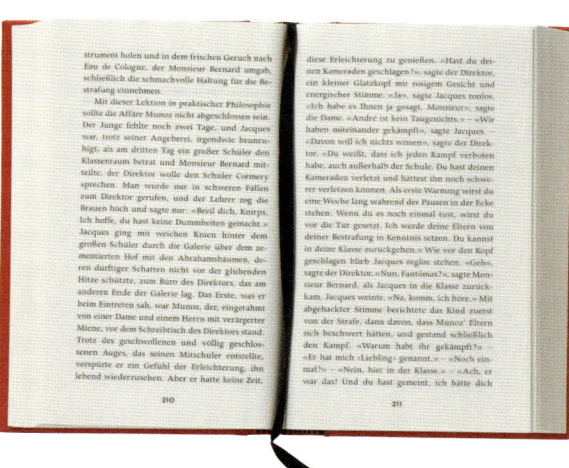

赤い上製本の文庫シリーズ

上製本として仕立てられたアルバート・カミュの文庫本シリーズ。表紙は細い横縞の赤い用紙で覆われ、エンボスと黒の型押しが施されている。赤い見返し、黒のしおり、赤と黒の花布などもよく調和。本自体が手に心地よく馴染み、思わず手にとってみたくなる。

書名　Die Pest（ペスト）ほか
著者　Albert Camus
発行　Rowohlt Taschenbuch Verlag, Reinbek
サイズ　152×93×28mm ほか

捕虜と兵士の体験談をまとめた2冊組の本

写真が印刷された幅の広い帯を巻かれた2冊の仮とじの本が黒いボール紙の外箱に包まれ、ゴム紐でとめられている本。1冊はドイツ人戦争捕虜の告白本、もう1冊は国防軍兵士の孫が祖父の手記にコメントを添えたフォトエッセイ。非常に繊細で卓越した造本によって、悲しい時代の記録が再現されている。

書名　Stets zu erschiessen sind Frauen, die in der roten Armee dienen.
　　　Geständnisse deutscher Kriegsgefangener über ihren Einsatz an der
　　　Ostfront
　　　（赤軍に仕える女たちは常に射殺される
　　　　ドイツ人戦争捕虜の東部戦線への動員についての告白）
編者　Hannes Heer

書名　Na, was glaubst du denn, wohin wir marschieren?
　　　Die Aufzeichnungen meines Großvaters, Wehrmachtssoldat
　　　im Krieg gegen die Sowjetunion—ein fotografischer Essay von
　　　Jakob Gleisberg
　　　（ところで、どこに行くのか、君どう思う？
　　　　国防軍兵士だった私の祖父の対ソ連戦における手記
　　　　　——ヤコブ・グライスベルクによるフォトエッセイ）
編者　Gaston Isoz

発行　disadorno edition, Berlin
サイズ　242×162×22mm

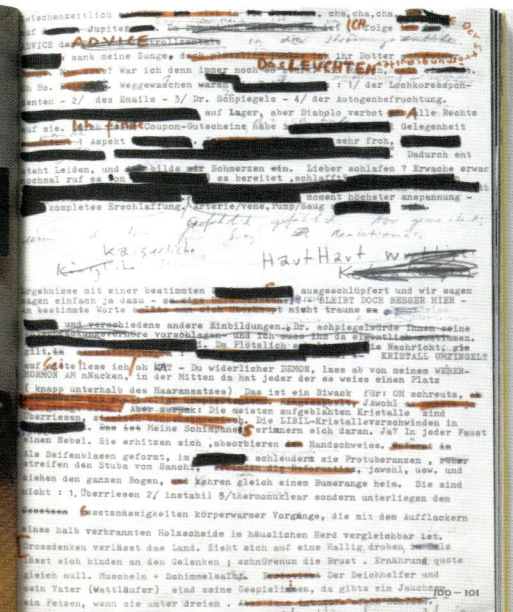

雑多な要素で構成されたアーティストブック

空中浮遊のパフォーマンスで知られるドイツ人アーティスト、ヨハン・ロービアの作品集。中頁には様々なパフォーマンス写真とタイプライターで打った文字が雑多な感じに掲載されている。タイトルが印刷された透明ジャケットからも浮遊感が伝わってくる。

書名　　Geschäftsbericht（業務報告）
著者　　Johan Lorbeer
発行　　Verlag für Moderne Kunst, Nürnberg
サイズ　290×220×27mm

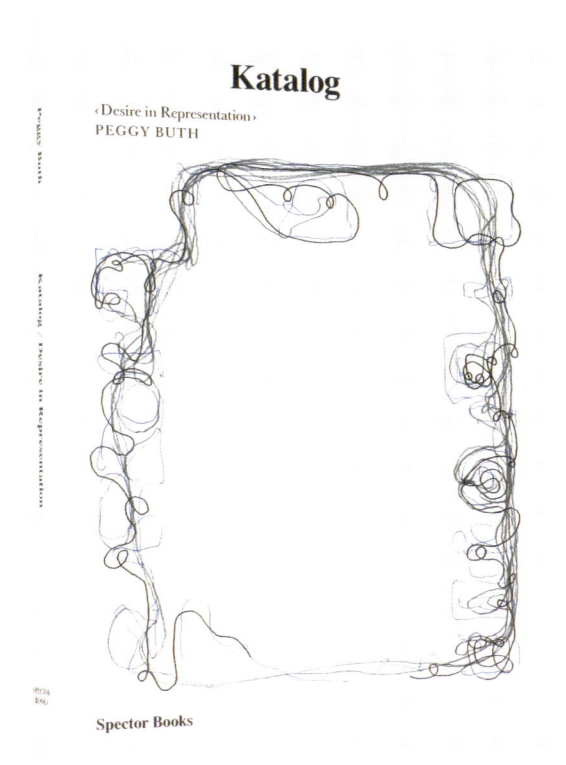

展覧会を本の形で再現したカタログ

ペギー・ブートの展覧会カタログ。落書きのような表紙は、会場で作品の前にとまる人々の軌跡を示している。作品の出発点となる素材、記録、スコアなど多彩な要素を紹介。単なる記録ではなく、展覧会を本の形で再現することに成功している。

書名　Katalog. Desire in Representation
　　　（カタログ　表出における欲望）
著者　Peggy Buth
発行　Spector Books, Leipzig
サイズ　298×210×24mm

抑えられた色調が美しい子ども向け動物絵本

様々な動物を紹介する子ども向け絵本。1匹ずつ丹念に描かれた動物たちは、入念にグループ分けされ、見開きに整理されて収められている。子ども向けだが、抑えられた色調がこの本に装飾的な印象を与える。

書名　Professor Pfeffers tierisches Abenteuer
　　　（プフェッファー教授の動物の冒険）
著者　Katrin Wiehle
発行　Beltz & Gelberg, Weinheim
サイズ　285×325×8mm

アイスランドの魅力を伝えるトラベルブック

著者が対談しながらアイスランドの魅力を伝える旅行書。表紙にアイスランドモスグリーン色のクロスを用い、見返しに歴史地図が収められている。非常に気持ちのよい組版、控えめだが優れたタイポグラフィが、この本の静かさとひなびた雰囲気を強調している。

書名　When you travel in Iceland you see a lot of water
　　　Ein Reisebuch / A Travel Book
　　　（アイスランドを旅するとたくさんの水を見る　旅行案内）
著者　Roman Signer, Tumi Magnússon
発行　Verlag Scheidegger & Spiess Zürich
サイズ　215×154×7mm

イラストとテキストが調和した卒業制作絵本

非常に力強いタイポグラフィとカラーのイラストが人を魅了する。特殊なタイトルの文字が、この本に非常に合っている。ブロック組による中頁の力強い文字は、イラストに合わせて選択され、全体とよく調和している。

書名　Die Insel（島）
著者　Michael Paul
発行　個人出版 Michael Paul, Berlin
サイズ　280×198×10mm

切り絵と異質な書体の組み合わせ

ロシアの童話を切り絵で表現した絵本。おかしな書体の組み合わせ（フラクトゥールとシカゴ）による挑発的ともいえるタイポグラフィ。しかし、それは線細工のような角張った切り絵に対応するためであり、図版のホラー性を本文の部分にも拡張しているとも考えられる。

書名　Bajuschka（バユシュカ）
著者　Stefanie Schilling
発行　個人出版 Stefanie Schilling, Leipzig
サイズ　270×192×12mm

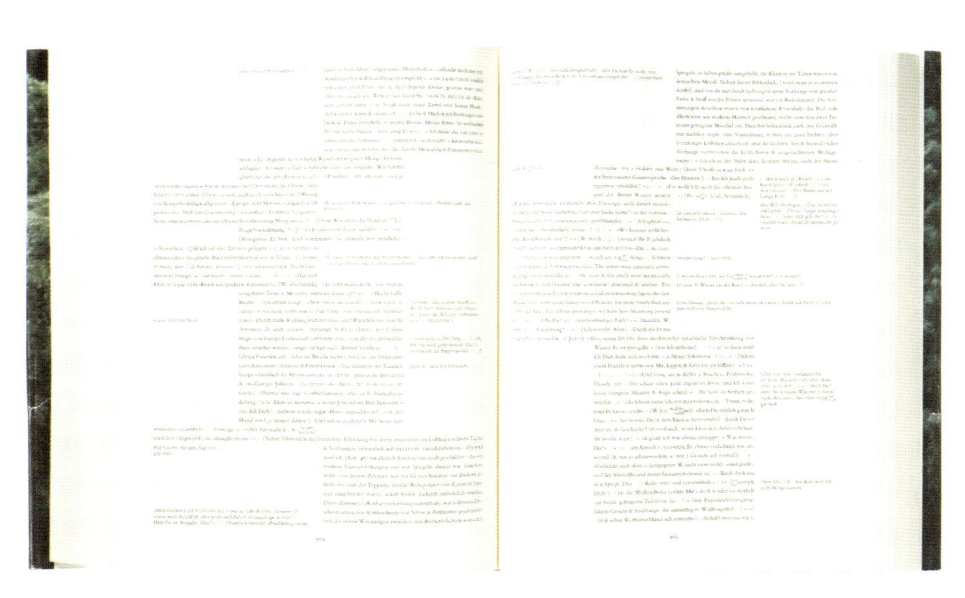

アルノ・シュミットの著名な小説

独自の言語実験を行ったアルノ・シュミットの難解で前衛的文体をまとめるにふさわしいタイポグラフィ。印刷、用紙とも申し分ない。しかし、1513頁もあるものすごく分厚く重めの本体に比べ、見返しや表紙が弱いのが惜しい。

書名　Zettel's Traum. Bargfelder Ausgabe, Werkgruppe IV, Band 1
　　　（夢断片　バルクフェルダー版、ワークグループ4、第1巻）
著者　Arno Schmidt
発行　Arno Schmidt Stiftung im Suhrkamp Verlag, Berlin
サイズ　346×260×87mm

Netherlands
オランダ

De Best Verzorgde Boeken

飛行機に魅せられた事業家の半生

飛ぶことに情熱を傾けた愛好家の本にふさわしく、飛行機を連想させるデザイン。本文は黒い用紙に銀とニスで印刷された頁で始まり、残りは白い用紙に黒と銀の2色刷り。天地は裁ち落とし、小口側だけ1mm突き出す特殊製本。

書名　Hoe komt wie vliegt ooit tot bedaren.
　　　M.A.G. van der Leeuw, ondernemer in het interbellum
　　　（空飛ぶ野郎はいつ着地するのか
　　　　MAGファンデルレーウ、両大戦間の起業家）
著者　Matthijs Dicke
発行　Uitgeverij de Hef publishers, Rotterdam
サイズ　220×175×21mm

羊を数える本

1つの体に足が8本見えたり、コトはそんなに単純ではない。対象年齢8〜88歳。農夫が飼っている羊の写真23枚を見開き裁ち落としで構成。板紙を角の丸い正方形にして、絵本のような見た目に。アイデア、タイトル、素材すべてが見事に一致している。

書名　Schapen tellen（羊を数えて）
著者　Hans van der Meer
発行　Nieuw Amsterdam, Amsterdam
サイズ　210×210×23mm

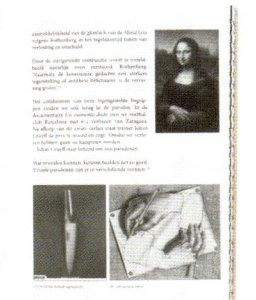

何も書かれていない表紙

普通ではない、意図を語らない、疑問を持つ本を出そうと、オランダの若い出版社が刊行した本。表紙や背にはタイトルも何も書かれておらず、ページをめくる小口側にレーザーカットでタイトルが刻印されている。本の内容は、好奇心の生成に関する論文。

書名　Nieuwsgierigheid.（好奇心）
著者　Roland van der Vorst
発行　Nieuw Amsterdam, Amsterdam
サイズ　216×151×23mm

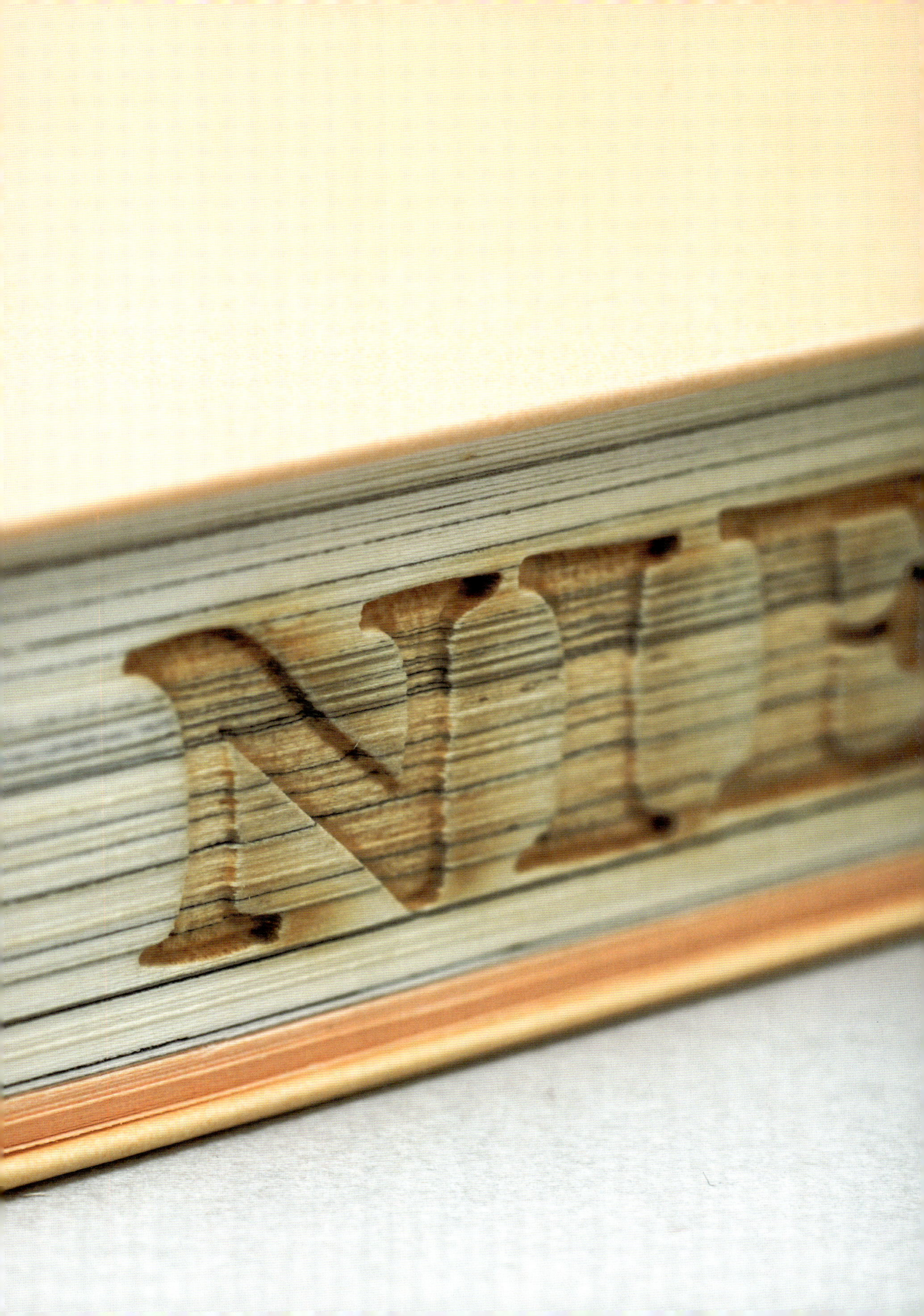

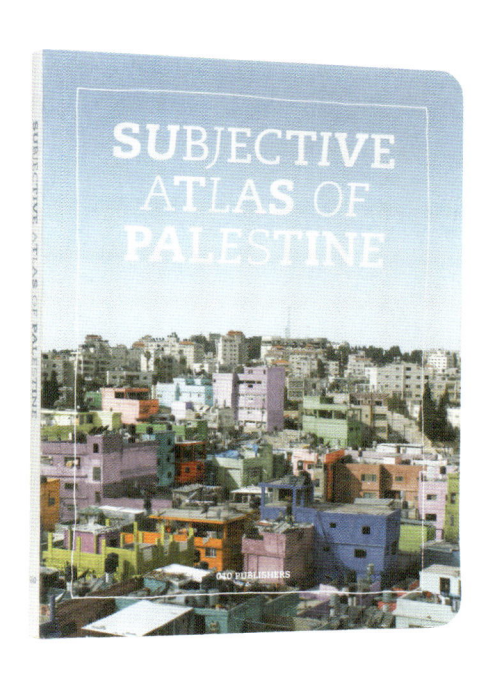

パレスチナの日常を伝えるビジュアル集

メディアによって悲惨なイメージが植えつけられているパレスチナについて現地の視点で伝えた本。両替商、定食屋、ゴミ箱など日常風景のコラージュ写真が収録されたレイアウトからは等身大のパレスチナの姿が伝わってくる。

書名　Subjective Atlas of Palestine
　　　（パレスチナの主観的な地図帳）
著者　Annelys de Vet
発行　010 Publishers, Rotterdam
サイズ　221×166×11mm

思わず引きずり込まれる巧みな導入

ランドスケープとインテリアデザインの会社であるインサイド・アウトサイドの初作品集。表紙から見返し、本文へと続く導入部を経て物語の中に引き込まれていく。カラフルな小口の配色や写真と組み合わされたタイポグラフィも美しい。装丁はオランダの有名装丁家、イルマ・ボーム。

書名　Petra Blaisse, Inside Outside
　　　（ペトラ・ブレッセ　インサイド・アウトサイド）
著者　Petra Blaisse
発行　NAi Publishers, Rotterdam
サイズ　244×174×43mm

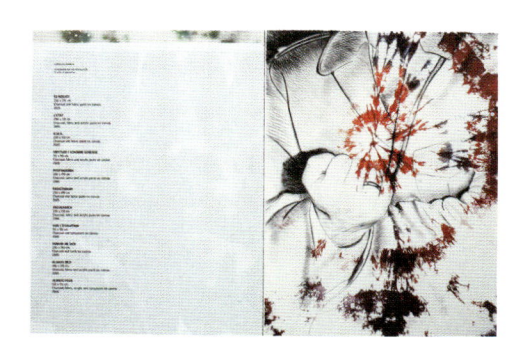

袋とじのアーティストブック

ドイツの画家、コルネリウス・クワーベックによる作品集。作品は6つのセクションに分かれて掲載され、各セクションが薄い紙で袋とじのように包まれている。その袋とじをナイフで切らないと、中の作品が見られないという、珍しい造本。

書名　Cornelius Quabeck．Hood
　　　（コルネリウス・クワーベック　縄張り）
著者　Cornelius Quabeck, Michael Archer
発行　Veenman Publishers, Rotterdam
サイズ　322×232×11mm

家系図のような知人108名のポートレート

写真家リンゲル・ホスリンガのプロジェクト。家族・知人を4グループに分け、家系図のように見せている。この個人的なアプローチが微細で詩的な印象を与えている。写真は黒、濃淡2色のグレーの3色で印刷。

書名 Ringel Goslinga. Family Tree
　　 (リンゲル・ホスリンガ　家系図)
著者 Ringel Goslinga
発行 Veenman Publishers, Rotterdam
サイズ 245×173×23mm

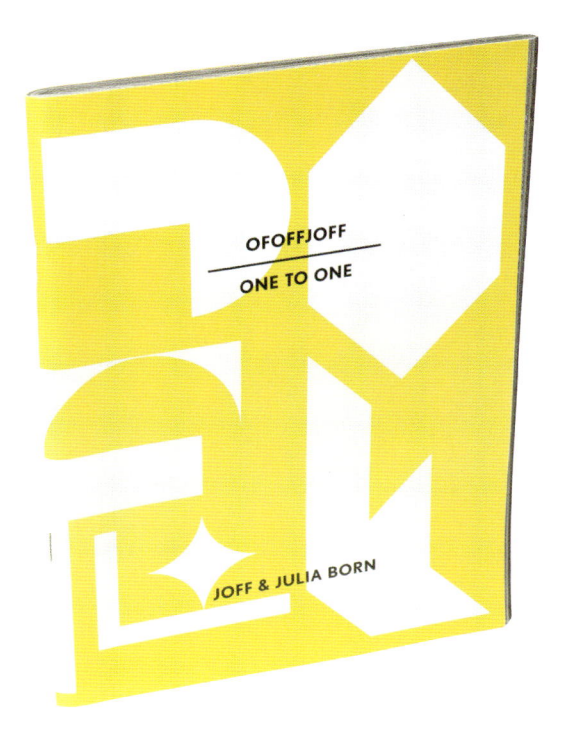

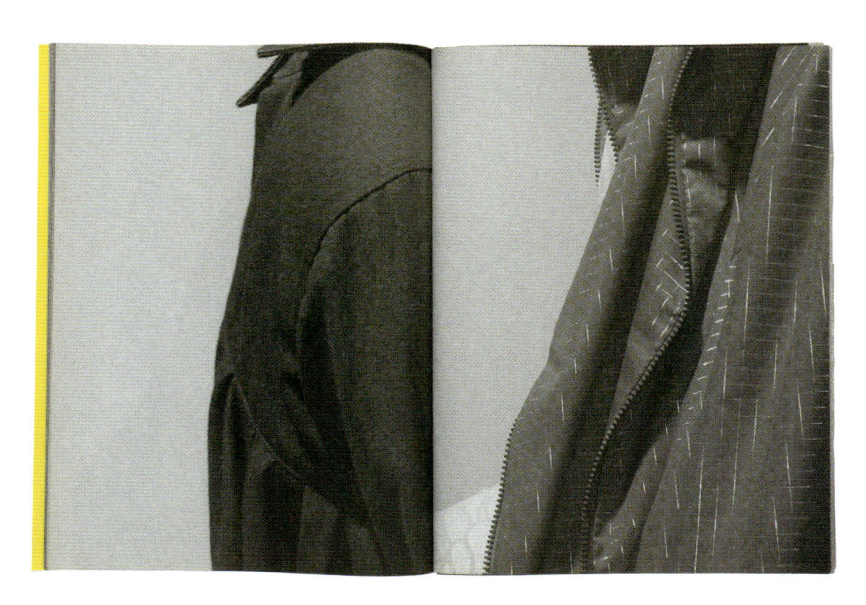

頁をばらしてつなぐと1枚の写真に

ファッションデザイナー、ジョフとグラフィックデザイナー、ジュリア・ボーンによる少し変わったコレクションの発表方法。1頁に1点ずつ、身体のパーツと服の断片を原寸で掲載。頁をバラバラにして10枚の写真をつなぐと、1つの写真になるしかけ。スイスのコンクールでも受賞。

書名　Ofoffjoff. One to one（ワントゥーワン）
著者　JOFF & Julia Born
発行　個人出版 JOFF & Julia Born, Amsterdam
サイズ　310×225×8mm

中頁の版を表紙に再利用したブックレット

ジャズプレイヤーでアーティストのハン・ベニンクが音楽レーベルICPのためにデザインしたジャケットを集めた作品集。非常に小さくて薄いサイズながら、表紙には本文で使った版を再利用したり、タイトルを空押ししたり、実験的な試みがなされている。

書名　Han Bennink. Cover art for ICP and other labels
　　　（ハン・ベニンク
　　　　ICPとその他のレーベルのためのジャケット・アート）
テキスト　Ben van Melick
発行　Huis Clos, Rimburg
サイズ　173×122×8mm

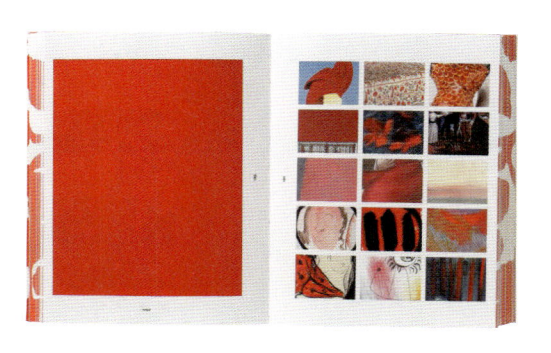

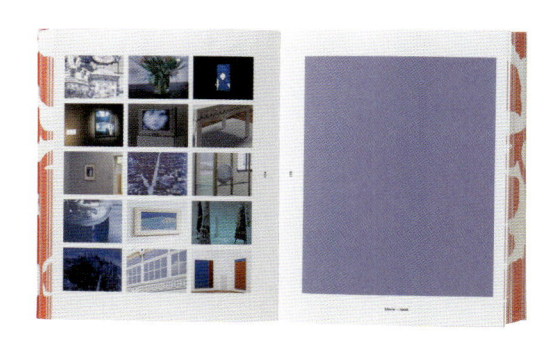

造本がすごい！ 館長に贈られた退職記念品

ヴィム・ヴァン・クリンペンがハーグ市立美術館館長を退任する際、餞別として贈られた本。彼が在職中にかかわった仕事の写真約4000枚を色別に分類し、配置している。表紙、背、天地、小口にスクリーン印刷で赤白の模様を印刷。装丁はイルマ・ボーム。

書名　Wim van Krimpen（ヴィム・ヴァン・クリンペン）
発行　Haags Gemeentemuseum, GEM museum voor actuele kunst, Fotomuseum Den Haag, Escher in het Paleis, Gemak, Den Haag
編者　Doede Hardman, Wim van Sinderen, Suzanne Swarts
サイズ　200×156×45mm

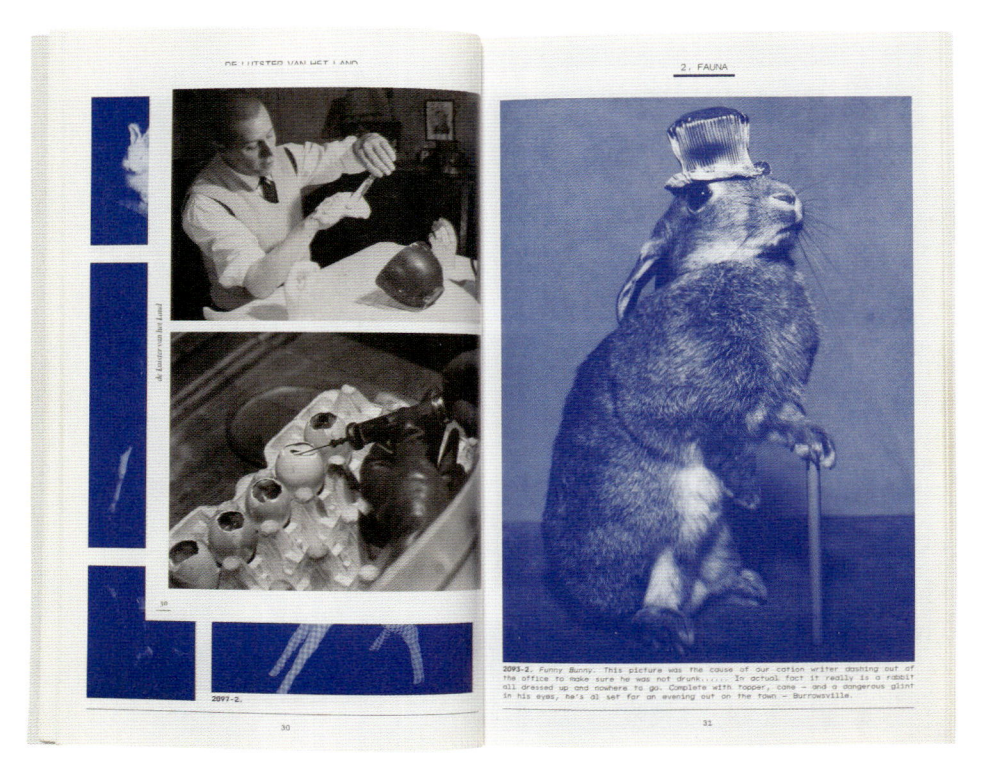

写真アーカイブを使ってつくられたアートブック

1100万枚以上を保有する写真アーカイブからテーマごとに選び出した写真をもとに制作されたアートブック。「偽物」をテーマにしたパートでは、この本の著者であるクーン・ハウザーが入った合成写真を掲載。元は白黒の写真をPantoneの特色で印刷している。

書名　Koen Hauser. De luister van het land
　　　（クーン・ハウザー　国を見る者）
編者　Koen Hauser, Bart de Baets
発行　Veenman Publishers, Rotterdam
サイズ　239×150×7mm

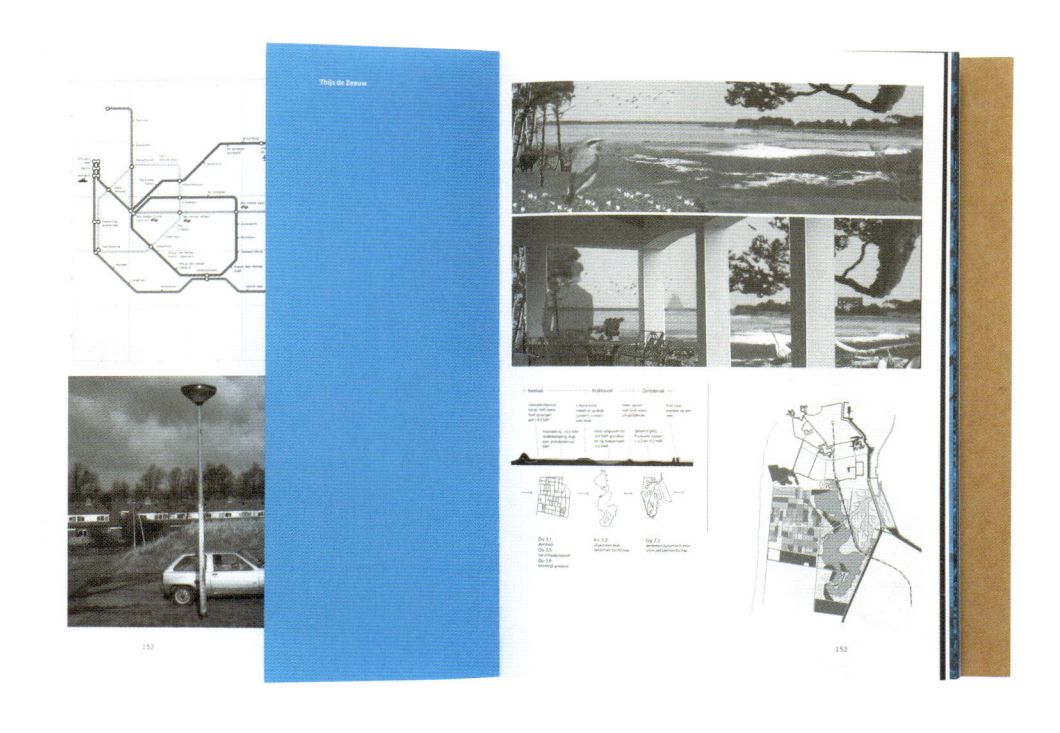

異なる写真素材をうまく組み合わせた年鑑

アムステルダム建築アカデミーの活動を収録した年鑑。複数の機関から提供された統一性のない写真素材がうまく処理されている。また、青を様々な用途で使い分けながら、セクションによって異なるデザイン手法を、整合性を保ちながら採り入れている。

書名 Jaarboek Academie van Bouwkunst Amsterdam 2006-2007
（アムステルダム建築アカデミー年鑑 2006-2007）
編者 Vibeke Gieskes, Arjen Oosterman, Daphna Beerdsen
発行 010 Publishers, Rotterdam
サイズ 239×170×23mm

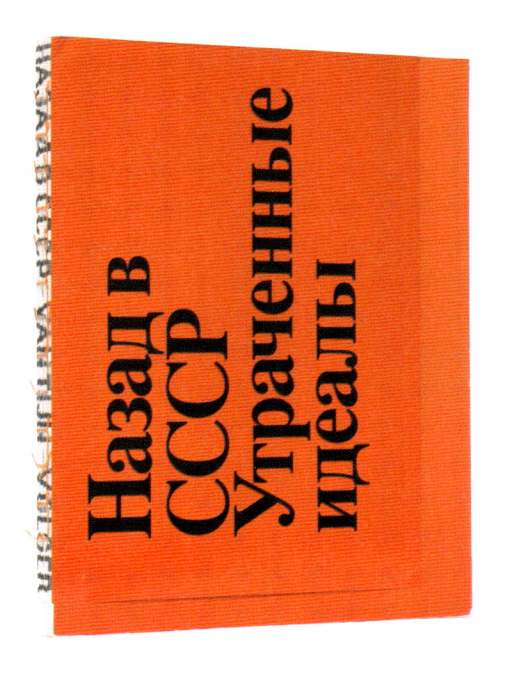

共産党統治下のロシアをテーマにしたアートブック

共産党統治下のロシアがテーマのアートプロジェクト集。一回り小さい本がはさみ込まれた造本も魅力的。本の構造も、マトリョーシカのようにセクションの中にセクション…となっていて、デザインにも反映されている。背標によるタイトル表示も面白い。

書名	Willeke van Tijn, Gerbrand Volger. Back to the USSR （バック・トゥー・ザ・USSR）
テキスト	Alexander Münninghoff, Anita van Ommeren
発行	Willeke van Tijn, Gerbrand Volger
サイズ	255×195×13mm

山型の特殊製本と型抜きがすごい
アート展カタログ

アムステルダム北部の村で開催されるアートイベントのカタログ。29枚の非塗工紙を二度折って、中綴じし、小口を断裁せず山型に残し、村の家の屋根のように見せている。表紙には丸い穴があけられ、各テーマ・カラーが見える仕組み。装丁は、イルマ・ボーム。

書名　Kunst op Kamers 2008 De Rijp（部屋の芸術2008年デライプ）
テキスト　Cees Straus
発行　Stichting Kunst op Kamers, De Rijp
サイズ　250×205×28mm

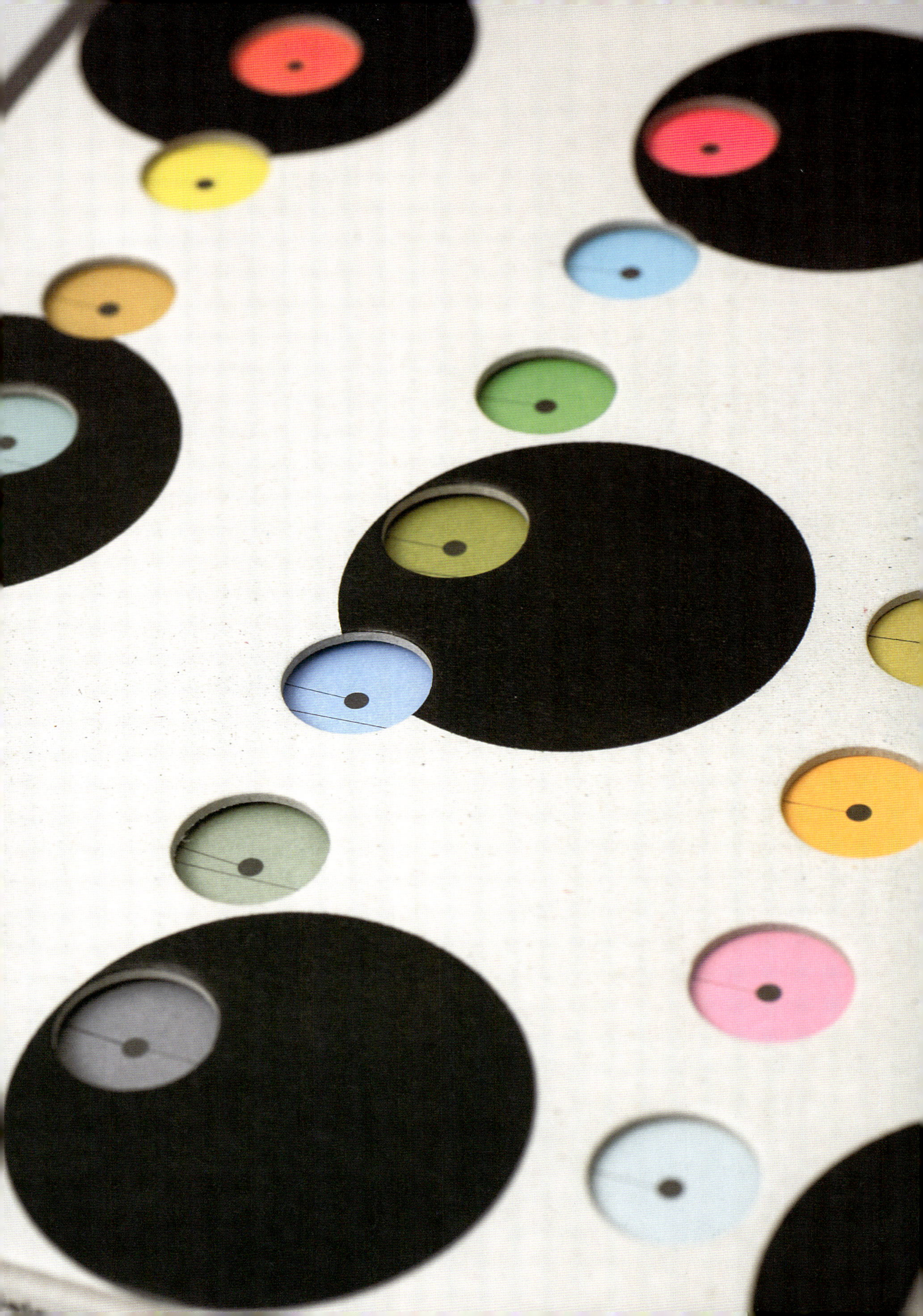

スケートボーダー向けの洗練された雑誌

スケートボーダー向けの雑誌。通常、この手の雑誌はごちゃごちゃとした誌面が多いが、それと正反対の抑制されたアプローチがとられた。アスキーアート（記号で描いた絵）でつくられたビジュアルの間にバランスよくカラー写真が挿入されている。

書名　Fluff XVII（Fluff 第17号）
発行　Uitgeverij Vijf890, Schiedam
サイズ　220×163×23mm

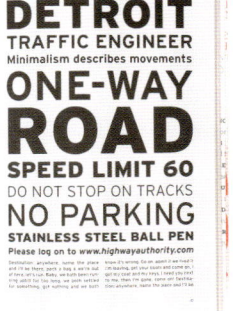

デザイン学生が作成した書体の小冊子

米国の書体デザイナー、トビアス・フリーリ=ジョーンズのハーグ王立芸術アカデミーからの授賞を記念して、同校の学生によって制作された小冊子。一般的な文章にはグレー、寄稿文にはピンク、彼の書体の紹介には白い紙が使用されている。

書名　Tobias Frere-Jones. Gerrit Noordzij Prize Exhibition Catalogue
（トビアス・フリーリ=ジョーンズ　ゲリット・ノールツァイ賞展）
編者　Laure Afchain 他
発行　Type and Media, Koninklijke Academie van Beeldende Kunsten, Den Haag, De Buitenkant, Amsterdam
サイズ　220×156×8mm

帙入りの豪華陶磁器写真集

宗朝時代の陶磁器の作品集。陶磁器の対向頁はそれぞれカラフルな色で彩られている。色味の少ない陶磁器と、時には現代中国のイメージを織りまぜたカラフルな頁の現代的なタッチが、新たな文脈でコレクションを提示しようとする本書の意図を支えている。

書名	Song through 21st Century Eyes. Yaozhou and Qingbai Ceramics（21世紀の目から見た歌）
著者	Rose Kerr
発行	Meijering Art Books, Dreumel
サイズ	257×205×45mm

121 | Netherlands

オランダ 2009

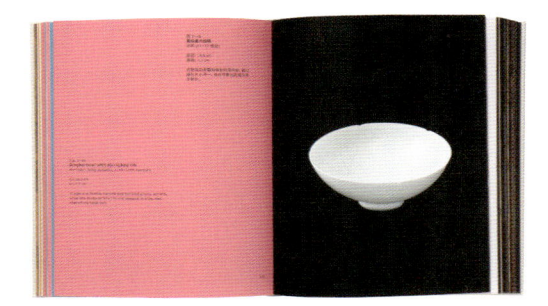

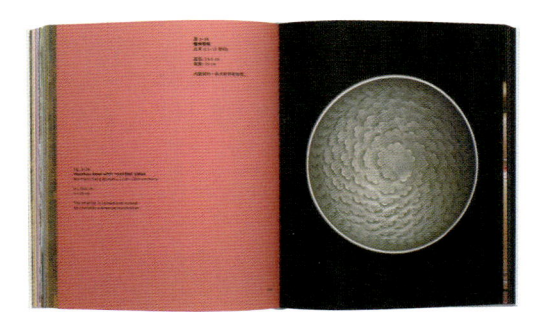

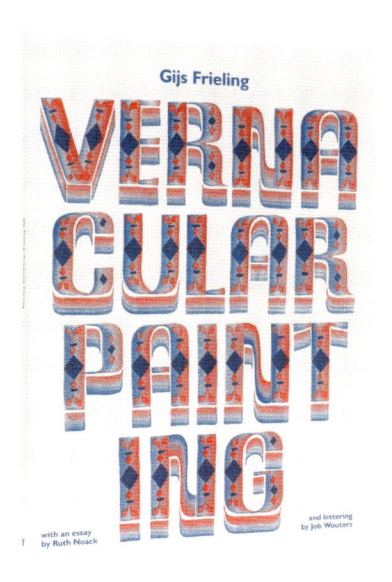

リソグラフで印刷された本

コブラ近代美術館の展覧会およびコブラ芸術賞受賞の際に出版された作品集。動植物のエキゾチックな世界や、土着絵画の要素などを利用した色とりどりの作品の雰囲気を伝え、すべてリソグラフで印刷されている。色落ちや版ずれが、独特の風合いを醸し出している。

書名　　　　Gijs Frieling, Vernacular Painting（土着の絵画）
コンセプト　Gijs Frieling, Job Wouters
発行　　　　Valiz, Amsterdam
サイズ　　　296×210×10mm

文字を書き続けたチャーチワードの書体作品集

ほぼ無名だった書体デザイナー、ジョセフ・チャーチワードに関する研究の成果をまとめた本。デザイナー、デイビッド・ベネウィスが丹念に資料を集めて研究し、1冊にまとめたもの。チャーチワードの書体と実例、資料、エッセイなどがバランスよく編集されている。

書名 Churchward International Typefaces
（チャーチワード・インターナショナル・タイプフェイス）
編者 David Bennewith
発行 Jan van Eyck Academie, Maastricht, Clouds, Newton, Auckland
サイズ 298×210×20mm

電話帳のように分厚い写真入り報告書

6536点の写真が927頁にわたり掲載された電話帳のような分厚い本。広大な風景写真が掲載されているが、実はオランダ政府の助成金を受けてつくられた建築家、写真家などによる報告書。写真は粗悪で薄い再生紙に印刷され、タイトル文字は小口側までのびている。

書名　Bladeren door het Amerikaanse landschap.
　　　Een index van boeken en beelden
　　　（アメリカの風景をめくる）
発行　NAi Publishers, Rotterdam
サイズ　298×210×48mm

125 | Netherlands

オランダ 2009

ニューヨークの人々を生き生きと写しだす
蛇腹状の写真集

現代ニューヨークがテーマのグループ展に出展依頼を受けた写真家による写真集。マンハッタンに対する一般的なイメージを裏切り、そこに行き交う一般の人々を撮影した。蛇腹形式につなげられた本の形状が、この写真家の作品スタイルにぴったりだと評価された。

書名　Menhattan（メンハッタン）
著者　Morad Bouchakour
発行　Morad Bouchakour, Amsterdam
サイズ　298×210×45mm

飲料パッケージの厚紙を表紙に再利用

古い建造物の再開発と改造の専門会社、リンゴット社の会社案内。印刷ミスした紙を袋とじにして、その外側に同社が手がけたリノベーション事例を印刷。乳製品のパッケージに使われている厚紙を再利用した表紙は、建物の再開発を行う会社のイメージを提示している。

書名　Een restructief boek van Lingotto（リンゴットの再建）
発行　Lingotto, Amsterdam
サイズ　240×191×8mm

=

芸術目的ではない偶然の作品を集めた
展覧会カタログ

見え透いた美学的な判断を排除しながら、表現手段としての写真術に新たな目を向けようとして、偶然つくられた画像や捨てられたスナップ写真など、芸術目的のためではない作品を集めた展覧会の図録。その主旨を、写真の束が投げ込まれたような構成で表現している。

書名　Off the Record. Voorstel Gemeentelijke Kunstaankopen 2009
　　　（オフレコ　美術品取得案 2009）
発行　Stedelijk Museum Amsterdam
サイズ　279×216×17mm

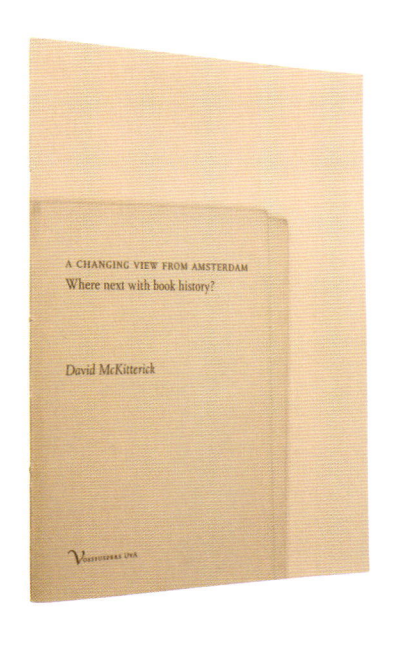

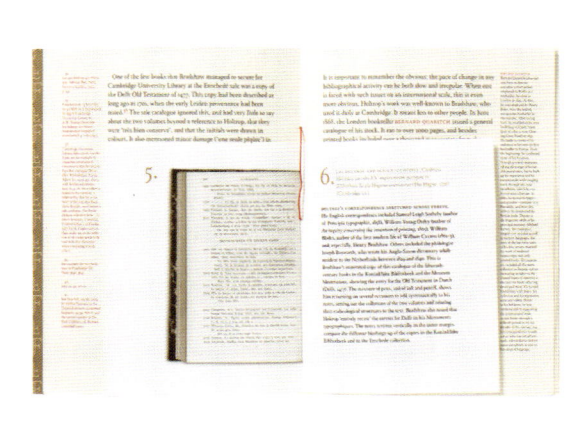

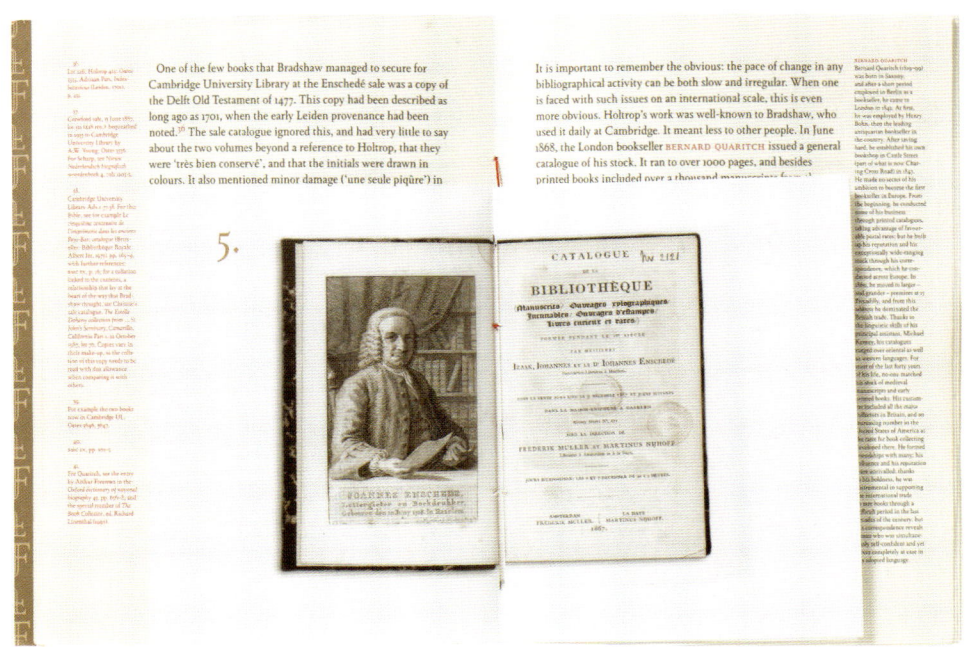

凝った造本で高評価を得た大学の講義録

ケンブリッジ大学の書物史家の講義に合わせてつくられた講義録。重要な講義の際に配られる筆記帳の体裁で、講義の内容に合わせたエディトリアルになっている。講義録は簡素な体裁が多いが、本書では小さな本をとじ込むなど、凝った造本が施されている。

書名 A Changing View from Amsterdam
　　（アムステルダムからの見解の変化）
著者 David McKitterick
発行 Amsterdam University Press, Amsterdam
サイズ 234×170×5mm

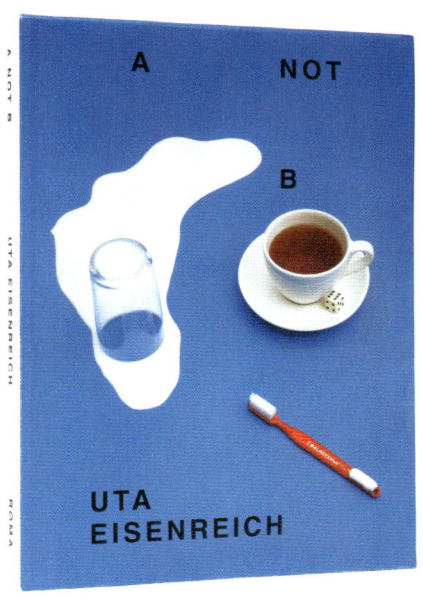

計算しつくされた現代アートの静物写真集

静物写真の現代アート作品集。どの写真も、物の配置、物と物との距離、照明などが計算しつくされ、物に生命を吹き込んでいる。この本には、著者紹介や前書きなど、必ずあるような要素がいくつも欠けているが、それでも違和感はない。

書名　A NOT B（BでなくA）
著者　Uta Eisenreich
発行　Roma Publications, Amsterdam
サイズ　288×217×13mm

131 | Netherlands

ブックインブックが入ったアート作品集

アーティスト、ベン・ヨーステンの作品集。彼の作品の重要なものの1つである活版による作品をまとめている。本書の中では一回り小さい薄い冊子を10か所に挿入。表紙は作品を優先させるために、文字を入れず、作品の手触りが伝わってくるかのような質感を再現。

書名　Ben Joosten. Tussen brons en lood
　　　（ベン・ヨーステン　ブロンズと鉛の間）
著者　Ger Luijten, Ernst van Raaij, Jan Teeuwisse,
　　　Felix Villanueva & Gijsbert van der Wal
発行　In de Walvis, Nijmegen
サイズ　260×192×26mm

リズミカルに並んだ写真によるエッセイ集

写真家、エイケルボームが暮らすザイドーストで、2年間にわたり撮影した写真とエッセイをまとめた本。普通の白い紙に印刷された約700枚の写真。頁をめくると、秩序を守って並べられた写真がリズミカルに私たちの目に飛び込んでくる。

書名　Hans Eijkelboom. Goede bedoelingen en modern wonen
　　　（ハンス・エイケルボーム　善意と現代住宅）
著者　Hans den Hartog Jager
発行　NAi Publishers, Rotterdam
サイズ　265×204×16mm

アルファベット順に並んだ動物の詩の本

動物についての詩を集めた本。47の見開きにA-Z順に掲載。背の黒い帯からマンドリルが飛び出しているような表紙が印象的。グレーで印刷された膨大なテキストが、ところどころでカラフルなイラストに重なってしまうところの処理もうまくいっている。

書名　Ik leer je liedjes van verlangen en aan je apenstaartje hangen
　　　（君の好きな曲に@マークをつけて）
著者　Bette Westera, Sylvia Weve
発行　Gottmer Uitgevers Groep, Haarlem
サイズ　331×210×16mm

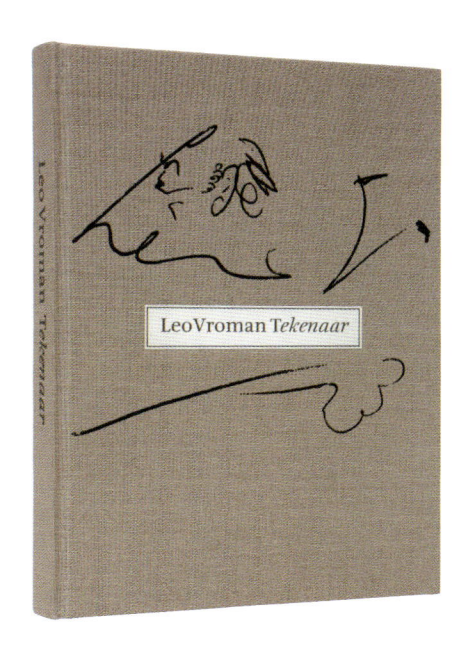

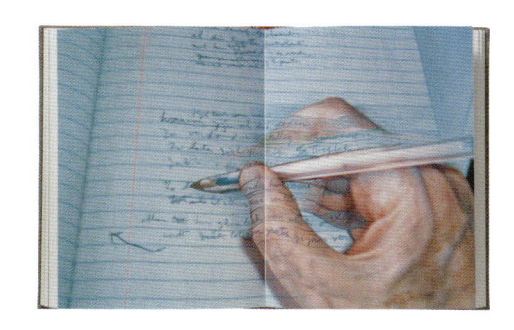

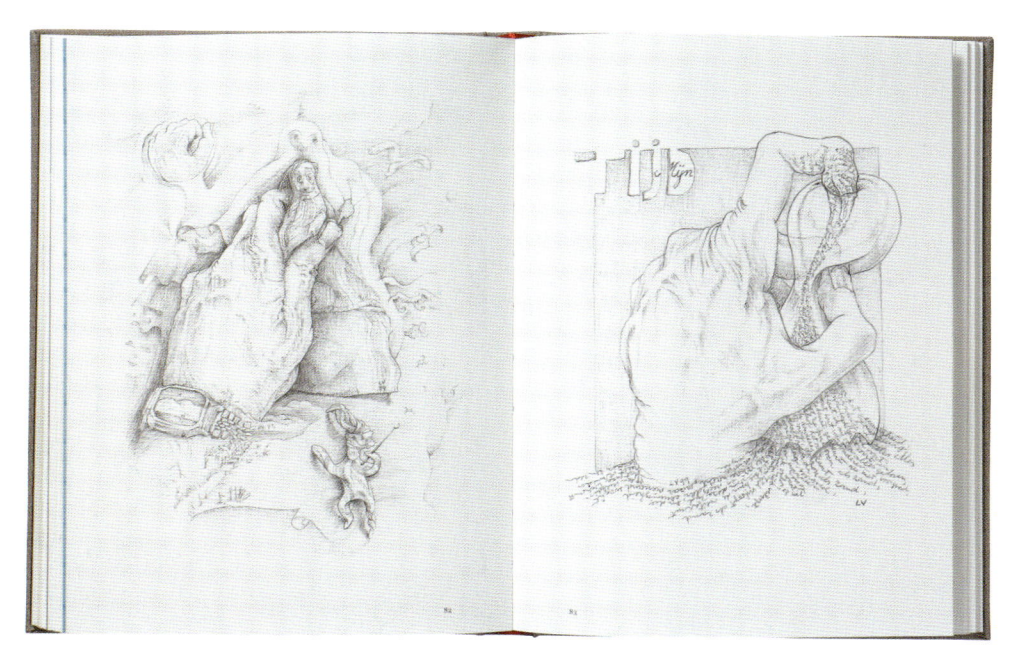

多才な元学者の描いた詩画集

元血液学者で、絵の才能もあるフローマンの詩画集。彼の素描や彩色画の間に薄い紙に印刷された詩がはさみ込まれている。フローマンの詩をまったく知らない人であっても、本書を見れば、彼のとどまるところを知らない創造力には驚かされるに違いない。

書名　Leo Vroman tekenaar（画家　レオ・フローマン）
発行　Uitgeverij Weesperzijde, Amsterdam
サイズ　225×168×24mm

繊細で手にとりたくなるイラスト集

ピエ・パリのスタイル画の作品集。パリの作品が載っている頁の間に、薄い紙に印刷されたスタイル画と相性の良い書体による紹介文の頁がはさまっている、繊細で美しい本。文章と絵に意識を集中させるエディトリアルと素晴らしい製本。

書名　Piet Paris Fashion Illustrations
　　　（ピエ・バリ　ファッション・イラストレーション）
著者　Piet Paris
発行　d'jonge Hond, Zwolle
サイズ　343×245×17mm

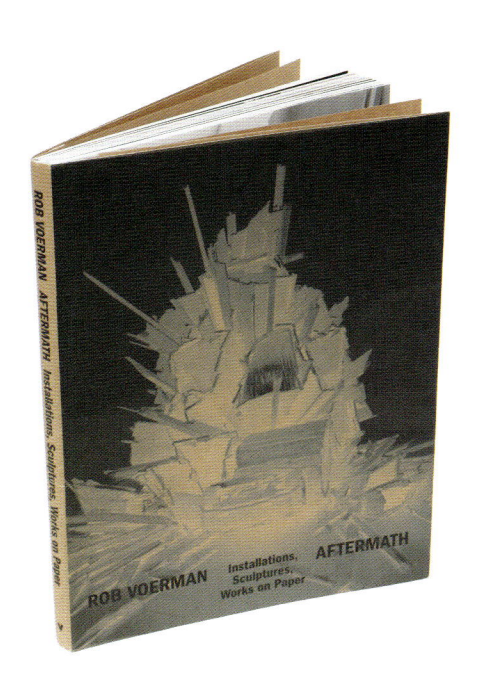

1枚の写真が違う紙上に共存する作品集

アーティスト、ロブ・フォルマンの装置や彫像、紙の芸術などを集めた作品集。見開き写真の半分が白い紙にカラー印刷、残り半分がクラフト紙の上に1色印刷という頁もあるが、全体の中にあると意外に奇異な印象は受けず、自然に共存している。

書名　Rob Voerman. Aftermath（ロブ・フォルマン　余波）
著者　Sabine Folie, David van der Leer, Tim Nolet
発行　Valiz, Amsterdam
サイズ　291×216×14mm

控えめの抑えた色調で上品にまとまった装丁

コーズ・ブルーケルの最初の単独写真集。紙の選択と写真の取り扱いに注意をはらった上品な装丁。見開き全体が写真という箇所もあれば、白紙が続く箇所もあり、慎重にレイアウトが決められている。表紙にはタイトルを入れず、写真家のポートレートのみ。

書名　Koos Breukel. Faire Face
　　　（コーズ・ブルーケル　自由な顔）
発行　Van Zoetendaal, Amsterdam
サイズ　205×158×17mm

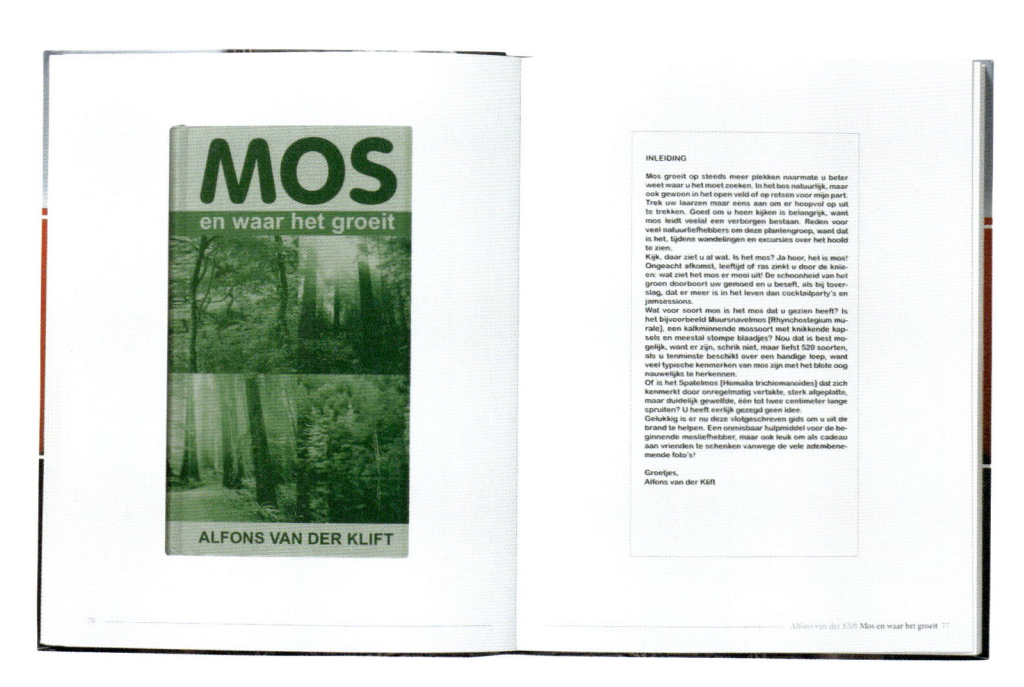

存在しない本を集めたビジュアル集

モアレがたくさんある本や洗える素材でつくった本など、ありえない架空の本を100冊近く紹介した。本書では、何も書かれていないコート紙のページも、存在理由のわからない見返しも、本書のおもしろさの一部ということになる。

書名　Net niet verschenen boeken（出版されない本）
著者　Gummbah
発行　De Harmonie, Amsterdam
サイズ　229×172×17mm

現代上海の活気を伝える建築書

息をのむようなスピードで都市化し続けている上海の建築と都市の様子をまとめた本。写真、図、英語と中国語による文章多数を論理的に整理し、レイアウトしている。現代の上海新市街の様子や、繁栄を謳歌する中流階級の暮らしぶりが非常によくわかる1冊。

書名　Shanghai New Towns（上海新市街）
編者　H. den Hartog
発行　010 Publishers, Rotterdam
サイズ　239×170×29mm

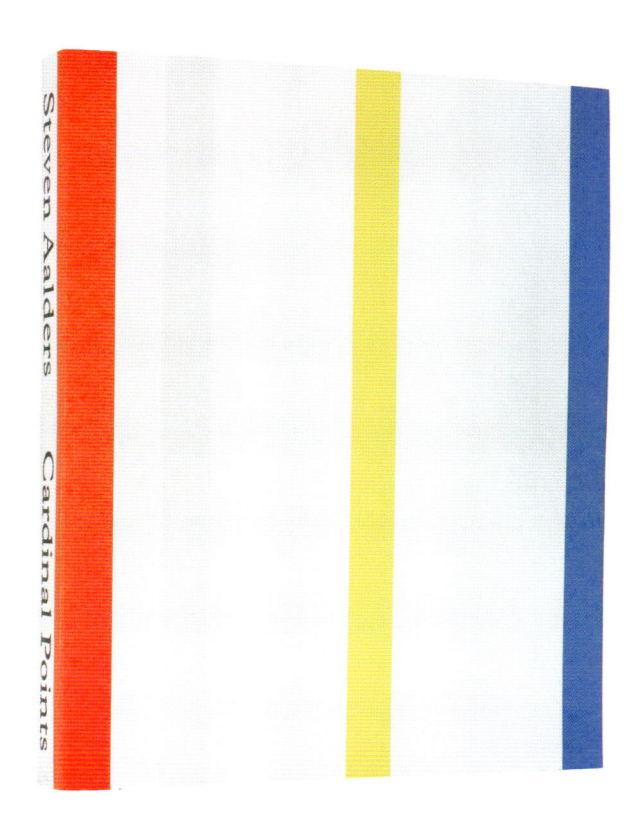

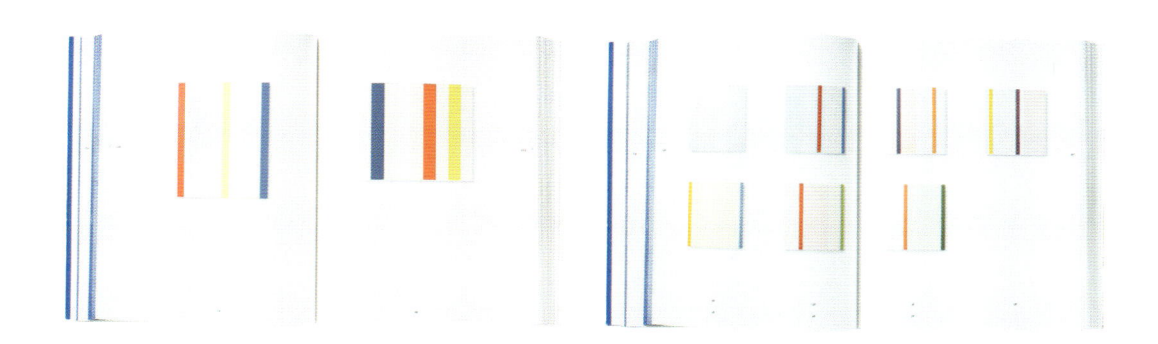

画家の作品のイメージを忠実に伝える作品集

デン・ハーグ市美術館で開催された展覧会をきっかけにつくられた作品集。やや半透明の白い頁に余白をつくったり、見る人に少し近づいたように感じさせたり、作品のトーンに合わせた構成。図版の他に多くの記事を掲載。開きの良い造本もいい。

書名　Steven Aalders, Cardinal Points
　　　（スティーブン・アールダース　主要点）
発行　Gemeentemuseum, Den Haag, Slewe Galerie, Amsterdam
サイズ　239×235×20mm

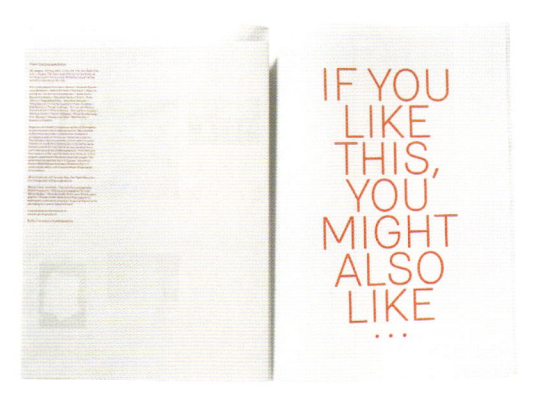

レイアウトがすばらしい写真のタブロイド紙

オランダ写真界のおもな作品を集めたイベント「クイックスキャンNL#01」に伴って刊行されたタブロイド紙。本ではなく新聞の形状だが、全体がひとつながりになっている内容構成と、それに合わせたレイアウトの質の高さが認められた。

書名　Quickscan NL#01
　　　（クイックスキャンNL#01）
著者　Frits Gierstberg
発行　Nederlands Fotomuseum, Rotterdam
サイズ　391×271×5mm

建築家の作品と文章を
落ち着いたトーンでまとめた本

建築家、ヴィール・アレッツの人生について書かれた本。29年間に彼が書いた40の文章（暗い色の紙に一段組）、他の人が書いた50の文章（明るい色の紙に二段組）、建築作品を年代順に配置。写真が目立ちすぎることはなく、うまく文章を引き立てている。

書名　Stills. Wiel Arets. A Timeline of Ideas, Articles & Interviews
（静止画　ヴィール・アレッツ　アイデア、記事、インタビューのタイムライン）
発行　010 Publishers, Rotterdam
サイズ　230×170×37mm

Switzerland
スイス

The Most Beautiful Swiss Books

熱と電気で言葉が浮かび上がる特殊本

電気を通すと表紙の文字が点滅。黒い感熱紙の表紙を手で触ると言葉が表れるというしかけの本。19世紀の科学者ヘルムホルツの熱力学についての有名な言葉が表紙の上に記されている。過去と現在に発表された未来に関する展望を集めている。

書名	Archäologie der Zukunft
	（未来の考古学）
編者	Rainer Egloff, Gerd Folkers und Matthias Michel
発行	Chronos Verlag, Zürich
サイズ	276×214×13mm

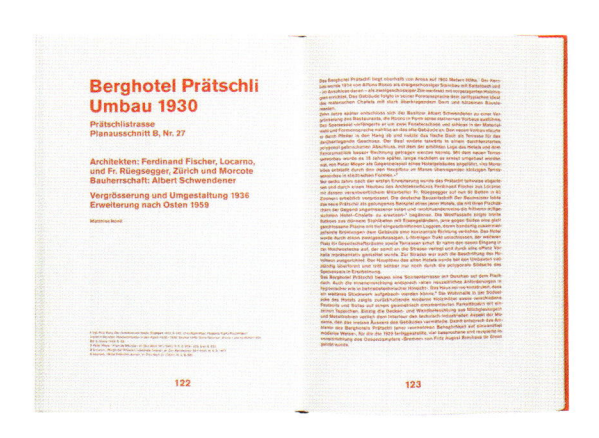

白黒赤の配色が美しい山岳リゾート研究書

スイスの有名な山岳リゾート地アローザの研究書。1920-30年代の建築、交通、ライフスタイルを中心に、テキストと写真でまとめられている。2色使いのタイポグラフィもこなれており、白、黒、赤を基調としたクラシックで清潔なブックデザインも心地よい。

書名　Arosa. Die Moderne in den Bergen（アローザ　登山の近代）
編者　Marcel Just, Christof Kübler, Matthias Noell, Renzo Semadeni
発行　gta Verlag, Zürich
サイズ　306×206×30mm

ライブ感を伝える楽しいアーティストブック

美術館における回顧展とその出版物を考えるプロジェクトの一環としてつくられたアーティストブック。料理行為自体を作品にするリクリットのライブ感を本の中でうまく伝えている。表紙は丸い型抜き、本文のところどころに透明の色紙がはさまれている。

書名　Rirkrit Tiravanija.
　　　A Retrospective (tomorrow is another fine day)
　　　(リクリット・ティラバニャ
　　　レトロスペクティブ [明日は素晴らしい日です])
編者　Fracesca Grassi
発行　JRP | Ringier, Zürich
サイズ　330×248×19mm

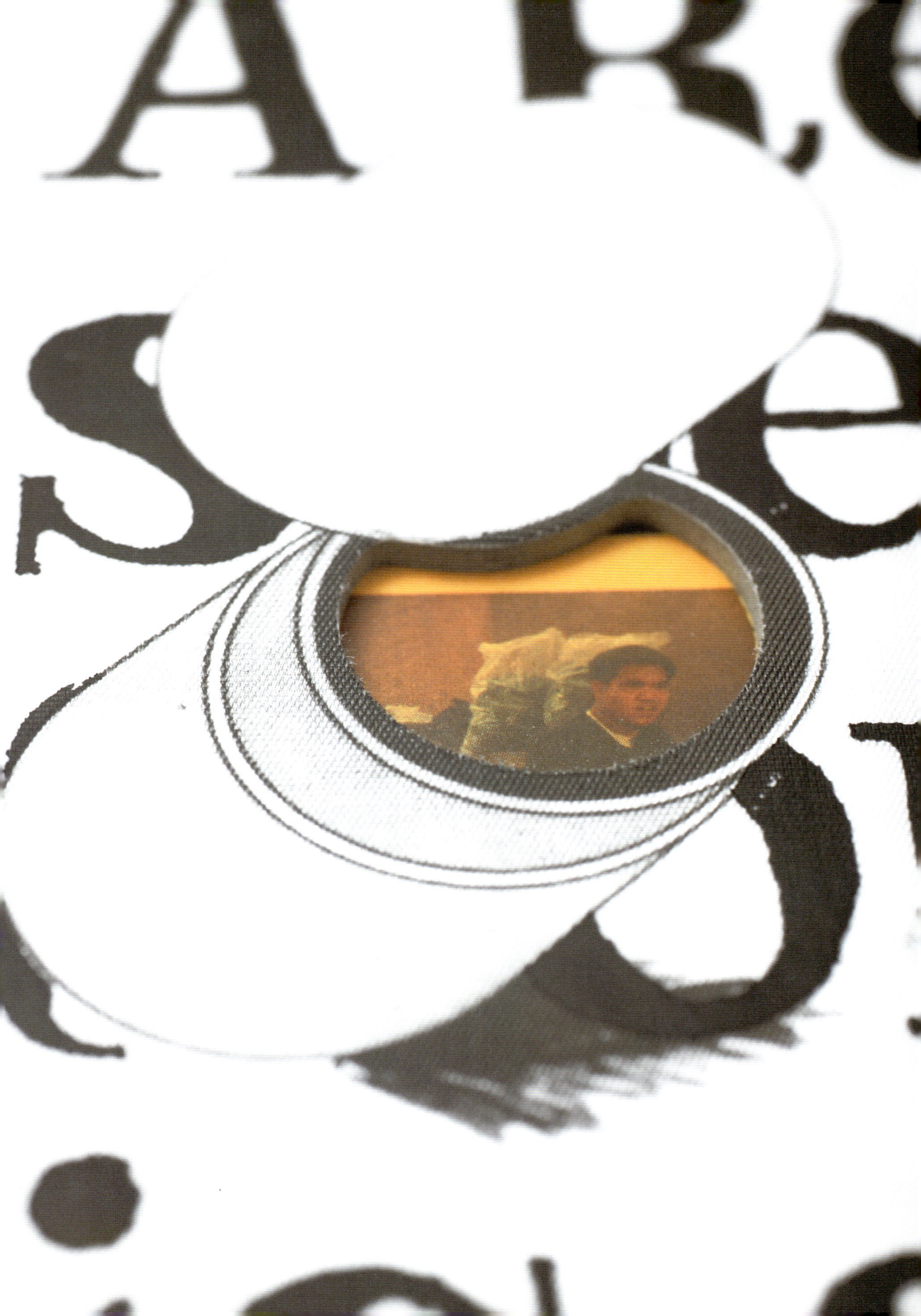

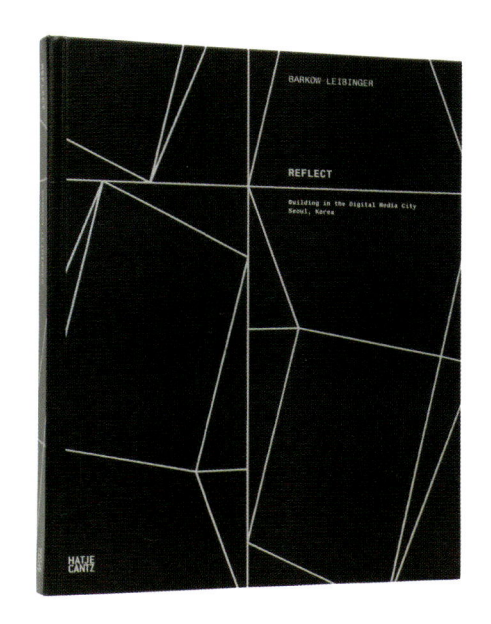

高層ビル建築のドキュメンタリーブック

ライビンガーが設計したソウルにある高層ビル建築のドキュメンタリー。設計から完成までのプロセスを写真で紹介し、映像を入れたDVDも収録。表紙と見返しに配された、ビルの外壁面を思わせるモチーフが、プロジェクト全体の雰囲気を伝えている。

書名　Barkow Leibinger. Reflect.
　　　Building in the Digital Media City Seoul, Korea
　　　（バルコウ・ライビンガー　リフレクト　デジタル・メディア・シティ・ソウルのビルディング）
編者　Andres Lepik
発行　Hatje Cantz Verlag, Ostfildern
サイズ　280×225×15mm

デザインで冒険する美大の年次報告書

チューリッヒ造形芸術専科大学の教員育成部門の2006年度年次報告書。各コースの授業内容と活動を写真とテキストで紹介。表紙を半分にカットしたり、蛍光色の色紙の上に大胆に写真を印刷したり、学校の年次報告書としては珍しい冒険的なデザインの本。

書名　Umsichten. Positionen und Perspektiven zur Vermittlung von Gestaltung und Kunst
　　　Jahrbuch 2006 Departements Lehrberufe für Gestaltung und Kunst
　　　（細心の注意　造形と芸術の仲介のためのポジションとパースペクティブ 造形美術教員教育部門年報 2006）
編者　Thomas Sieber, Hochschule für Gestaltung und Kunst Zürich
発行　Hochschule für Gestaltung und Kunst, Zürich
サイズ　270×199×6mm

A4コピー用紙をとじたような美術作品集

急進的かつ実用的であることを目指した680頁におよぶ作品カタログ。最近のものから年代をさかのぼって掲載され、表紙は、最新の番号を振られたこのカタログである。序文や評論などもなく、白黒コピーの束のようなイメージ。

書名 　Johannes Wohnseifer. Werkverzeichnis 1992-2007
　　　（ヨハネス・ヴォーンザイファー　作品一覧 1992-2007）
編者 　Christoph Keller, Johann König
発行 　JRP | Ringier, Zürich
サイズ　298×211×38mm

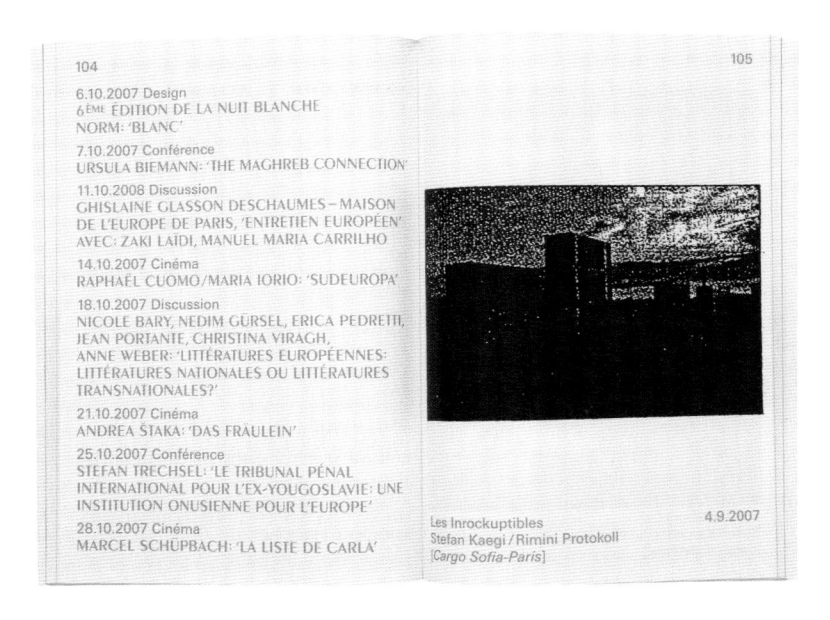

新聞雑誌メディアのロゴで構成された表紙

パリにあるスイス文化センターで行われた3年間の展覧会の記録集。施設の活動のライブ感を反映するため、展覧会の批評記事を、掲載された紙・誌面をそのまま転載。表紙もそれらメディアのロゴで構成。ありきたりではない記録集になっている。

書名　Centre culturel suisse Paris. 2006 2007 2008
　　　（パリ・スイス文化センター　2006 2007 2008）
編者　Centre culturel suisse, Paris, Nicolas Trembley
発行　Centre culturel suisse Paris
サイズ　297×210×10mm

とじてない本！

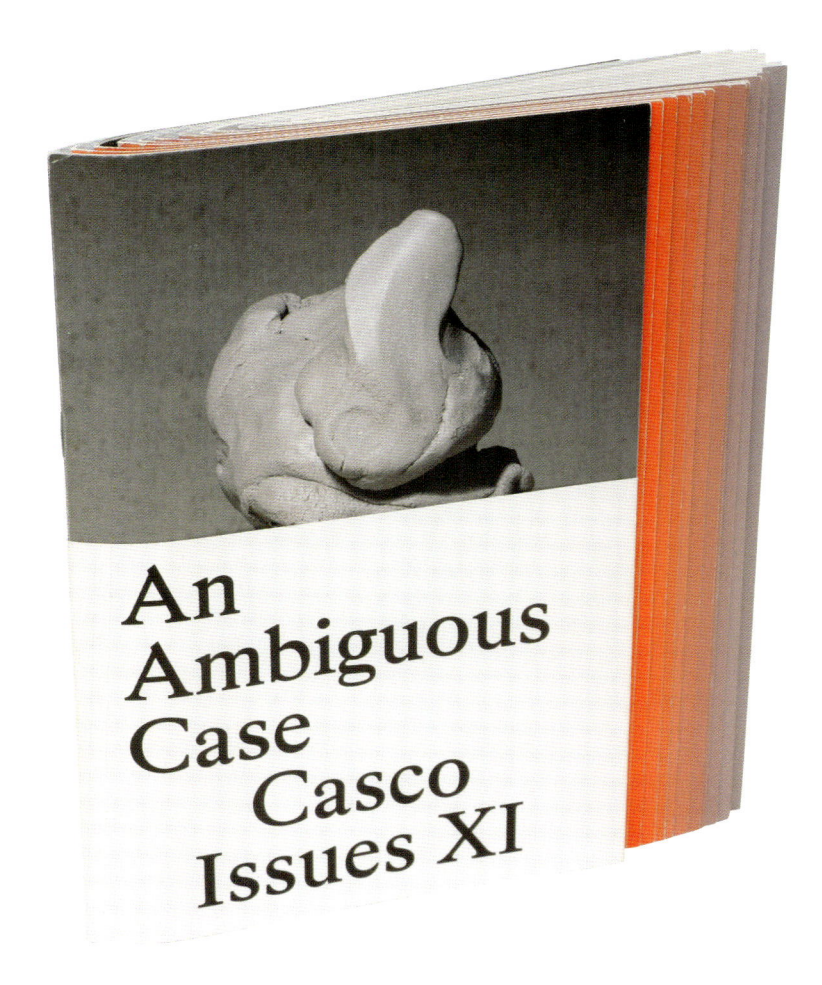

アート・デザイン関連の事務所が刊行している冊子。開放性の芸術戦略について書かれた12本の論文を掲載。毎号デザインが変わる。本号はテーマ「開放性」に合わせ、各論文どうしはとじられずに重ね合わされている。バラしても戻せることを考えたのか、各表紙の色はグラデーションになっている。

書名　Casco Issues XI. An Ambiguous Case
　　　（カスコ・イシューズ第11号　曖昧なケース）
編者　Emily Pethick, Marina Vishmidt, Tanja Widmann
発行　Casco, Utrecht, episode publishers, Rotterdam
サイズ　195×130×12mm

—Casco Issues XI

ishmidt

ill Travel)

Casco Issues XI

ur Proving Any
versation with
a Koether

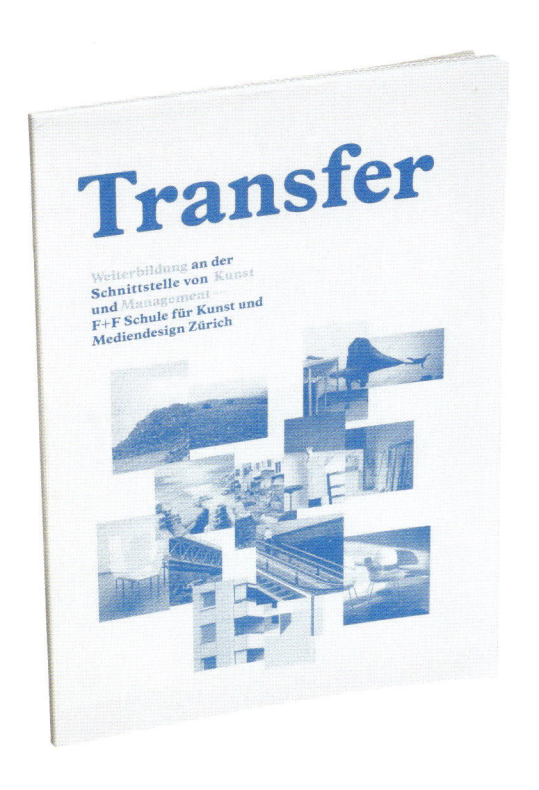

チープな印刷を色紙で魅力的に見せる

芸術とマネジメントの接点における持続可能な教育を行う民間財団の講座案内パンフレット。色紙に謄写版印刷で、各講座内容が簡素に伝えられている。講座ごとに違う色紙が使われ、透明な糊付けの背に色が並んで見える造本が見事。低予算でうまく工夫されている好例。

書名　Transfer.
　　　Weiterbildung an der Schnittstelle von Kunst und Management
　　　（移転　芸術とマネジメントの接点における持続可能な教育）
編者　F + F Schule Für Kunst und Mediendesign Zürich
発行　F + F Schule Für Kunst und Mediendesign, Zürich
サイズ　231×162×5mm

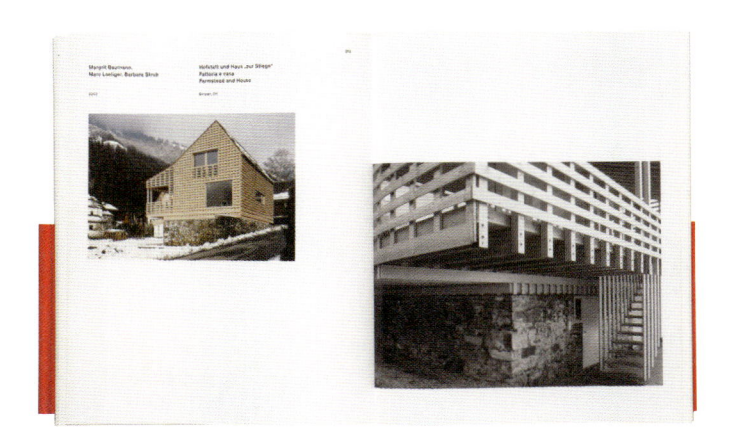

アルプス新建築賞の受賞作品集

アルプス新建築賞の受賞作品を集めた建築作品集。すでに様々に他で紹介されている建築を紹介するにあたり、建築案を実現するプロセスの再現を重視し、写真、図面、文章、スケッチ、関連図を用いて記録した。表紙はクロス装に箔押し。

書名	Neues Bauen in den Alpen. Architekturpreis 2006 （アルプス新建築賞　建築賞2006）
編者	Christoph Mayr Fingerle
発行	Birkhäuser Verlag, Basel
サイズ	280×220×31mm

スイスの伝統料理をまとめたかわいらしい小冊子

スイス各地の伝統的な風習と料理のレシピを催事ごとにまとめた6冊組の小冊子。今日の視点から古い内容を紹介するコンセプト。個人的なプロジェクトのため、非常に限られた予算で500部のみ制作された。紙の選択が個性的でありながら印刷は手堅い。

書名　Sonntagsfreuden（日曜日のたのしみ）
編者　Gina-Lisa Bucher, Roland Früh
発行　hier + jetzt Verlag, Baden
サイズ　230×150×28mm

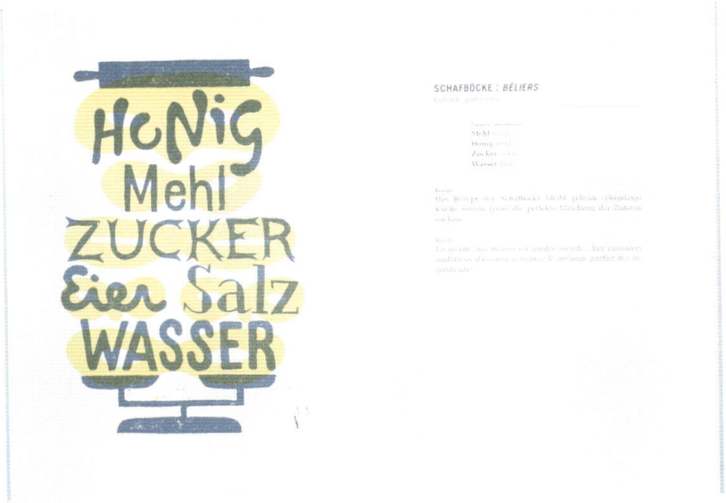
HONIG
Mehl
ZUCKER
Eier Salz
WASSER
SCHAFBÖCKE : BÉLIERS

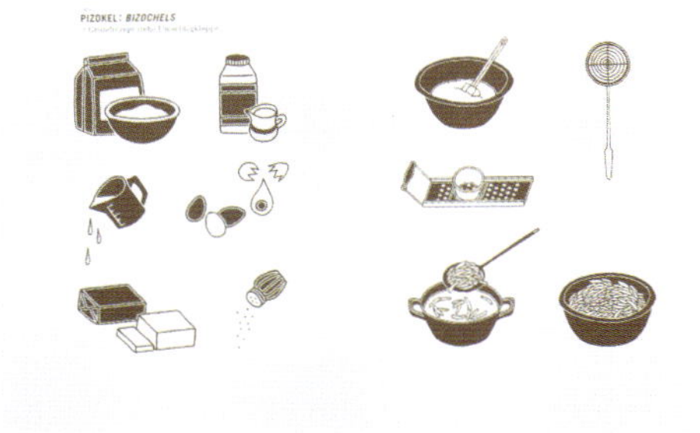
PIZOKEL : BIZOCHELS

«LA BÉNICHON, C'EST UNE CÈNE: UNE COMMUNION SOUS PLUSIEURS ESPÈCES. POINT DE BLASPHÈME!»

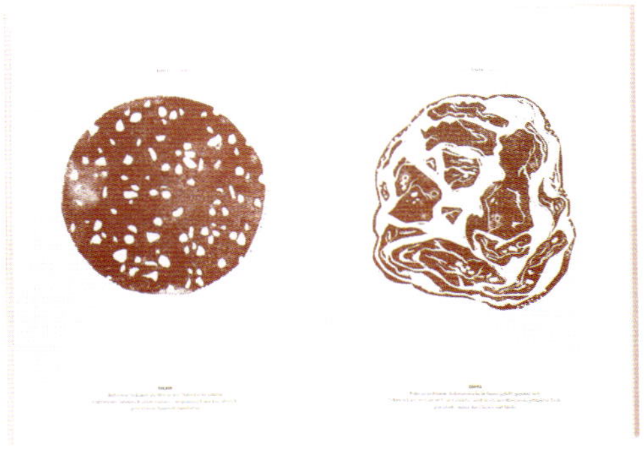

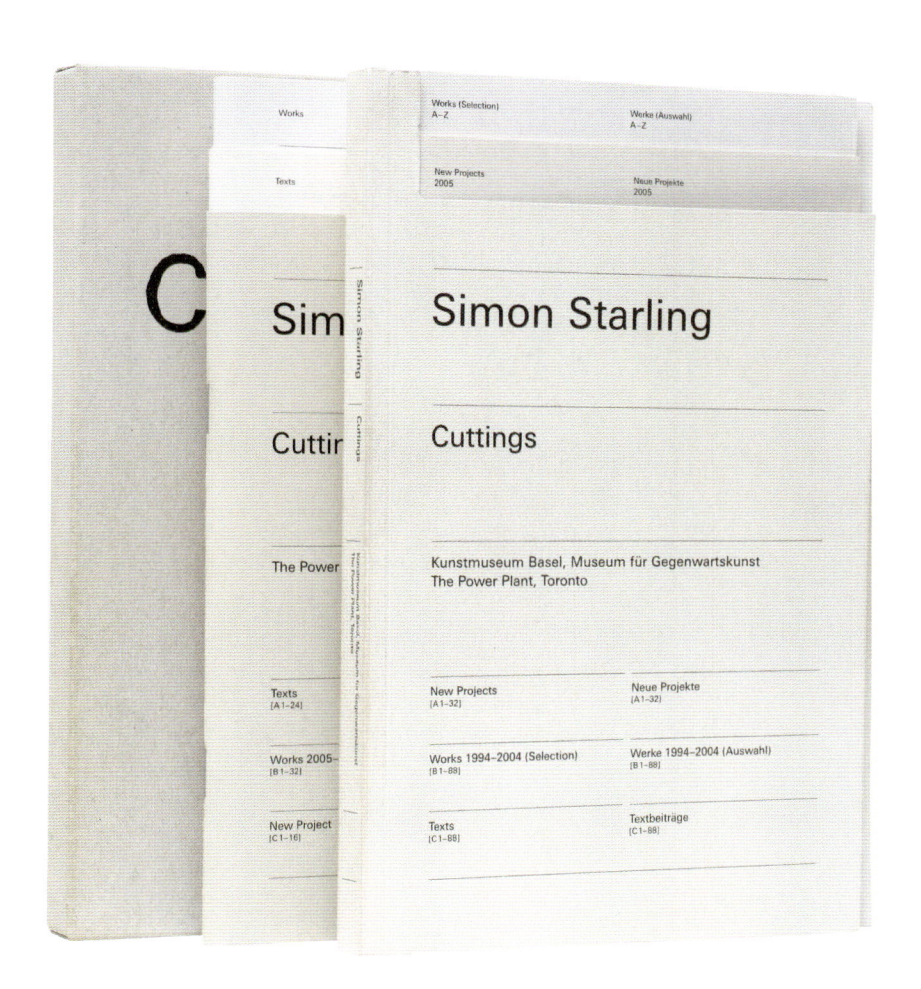

3つのパートの違いを表紙で視覚的に表現

2005年の展覧会の文字通り「補遺」として開催された展覧会の図録。テキスト、作品、新しいプロジェクトの3パートに分割。違う紙を用いたそれぞれのパートが階段のように重なっている。2冊組でケースに収められている。
（上写真手前と左の見開きは2005年の図録、上写真奥が今回受賞した図録）

書名　Simon Starling. Cuttings [Supplement]
　　　（サイモン・スターリング　カッティングス［補遺］）
著者　Gregory Burke, Mark Godfrey, Reid Shier, Sarah Stanners, Shimon Starling
発行　The Power Plant, Tronto
サイズ　234×156×21mm

高画質デジタル印刷とモノクロ写真の見事な対比

写真ドキュメント。モノクロの写真をカラーで見せ、また粗野で猛々しい「パンク」な印象を与える一方で、最高度の制御が行き届いているようにも見えるのが魅力。作家の作品に通底する両義性または二律背反性がこの造本にも見いだせる。

書名　Valentin Carron. Learning from Martigny
　　　（ヴァレンタン・キャロン　マルティンジに学ぶ）
著者　Nicolas Pages
発行　JRP | Ringier, Zürich
サイズ　220×160×10mm

スイス 2009

精神障害者40名のポートレート集

精神障害者の社会参加や雇用機会を提供する施設の10周年記念誌。財団を利用した40人のポートレートを表紙、見返しから片頁のみに掲載し、読者は常に1人と対峙する。写真下の名前以外の余分な情報は別冊子に掲載。重いテーマを確固とした編集方針でまとめている。

書名　40 Portraits（40のポートレート）
編者　Sophie Ballmer, Delphine Bovey, Alex Rich
　　　Fondation Coup d'Pouce, Lausanne(éd.)
発行　Fondation Coup d'Pouce, Lausanne
サイズ　240×180×11mm

写真の中に写真を重ねた斬新なレイアウト

概念が的確にデザインされたアーティストブック。ホワイトキューブ（美術作品を展示する白い空間）や、それに関する歴史的なテキストなどを切り刻んだ上に、自分のテキストと作品を掲載するホワイトキューブをオーバープリントし、乗っ取っている。

書名　Inside the White Cube. Overprinted Edition
　　　（ホワイトキューブの中　オーバープリント版）
編者　Yann Sérandour, Christoph Keller,
　　　Eigeltingen-Münchhöf
発行　Christoph Keller Editions／JRP｜Ringier, Zürich
サイズ　266×266×8mm

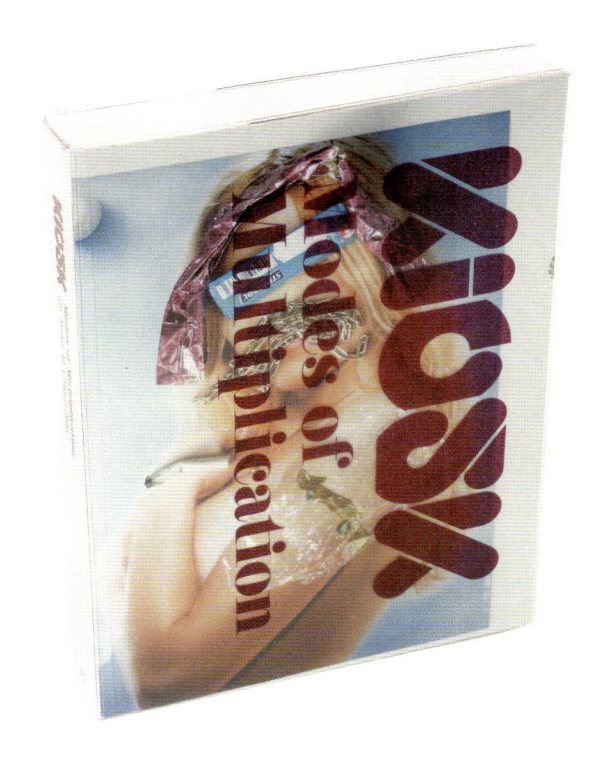

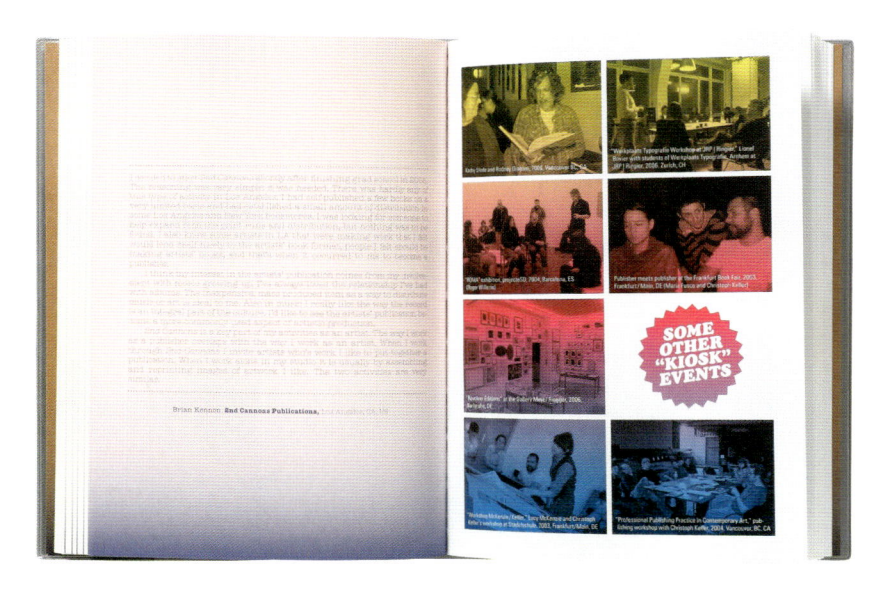

現代美術の型破りな刊行物の記録集

インディペンデント・アートブック・パブリッシャーの刊行物を集めたイベント「KIOSK」の記録。集められた本のデザインの（時に乱用される）自由さを風刺したデザイン。写真を掲載したカラー頁と、テキストを掲載したピンクの頁が交互にとじ込まれている。

書名　KIOSK. Modes of Multiplication（KIOSK　増殖のモード）
編者　Christoph Keller; Michael Lailach,
　　　Kunstbibliothek Staatliche Museen zu Berlin
発行　JRP | Ringier, Zürich
サイズ　210×150×22mm

ページをめくるごとに段組が増えていく
展覧会カタログ

表現主義の雑誌『Der Sturm』に関係するアーティスト50名の展覧会図録。1人につき、左頁に作品、右頁に文章を掲載。本文組は最初は1段だが、新たな種類の文章が加わると段が増え、最終的に6段になる。書体は1つで、様々な要望に組版で対応。

書名　Der Sturm (1910-1932). Expressionistische Graphik und Lyrik（嵐［1910-1932］ 表現主義のグラフィックと詩）
編者　Walter Labhart, Patricia Nussbaum, Kunstmuseum Olten
発行　Kunstmuseum Olten
サイズ　324×241×5mm

高齢の女性登山家13人のインタビュー集

70歳を過ぎたスイスの女性登山家13人のインタビュー集。紙の選択や頁構成の工夫でポートレートは生写真が挟まれているような印象を与える。パラグラフの間隔で内容を区切ったり、少し文字を大きくするなど、高齢の読者に対する配慮が感じられる。

書名　Früh los. Im Gespräch mit Bergsteigerinnen über siebzig
　　　（早く始める　70歳を過ぎた登山家たちとの対話）
著者　Patricia Purtschert
発行　heir + jetzt, Verlag für Kultur und Geschichte GmbH, Baden
サイズ　240×149×28mm

実際に作品を見ているように感じる展覧会図録

コンセプチュアルアーティストの展示用販売カタログ。インスタレーション作品写真を超光沢紙に印刷。読者はギャラリーの中を実際に歩いて、いろいろな角度から作品を見ているような気分を味わう。カラーバーによって、表紙の壁の穴の写真も作品であることがわかる。

書名　Cerith Wyn Evans.
　　　Everyone's gone to the movies, now we're alone at last...
　　　（ケリス・ウィン・エヴァンス　みんな映画へ行った。ようやく2人きり…）
編者　Honey Luard, White Cube, London
発行　White Cube, London
サイズ　298×215×8mm

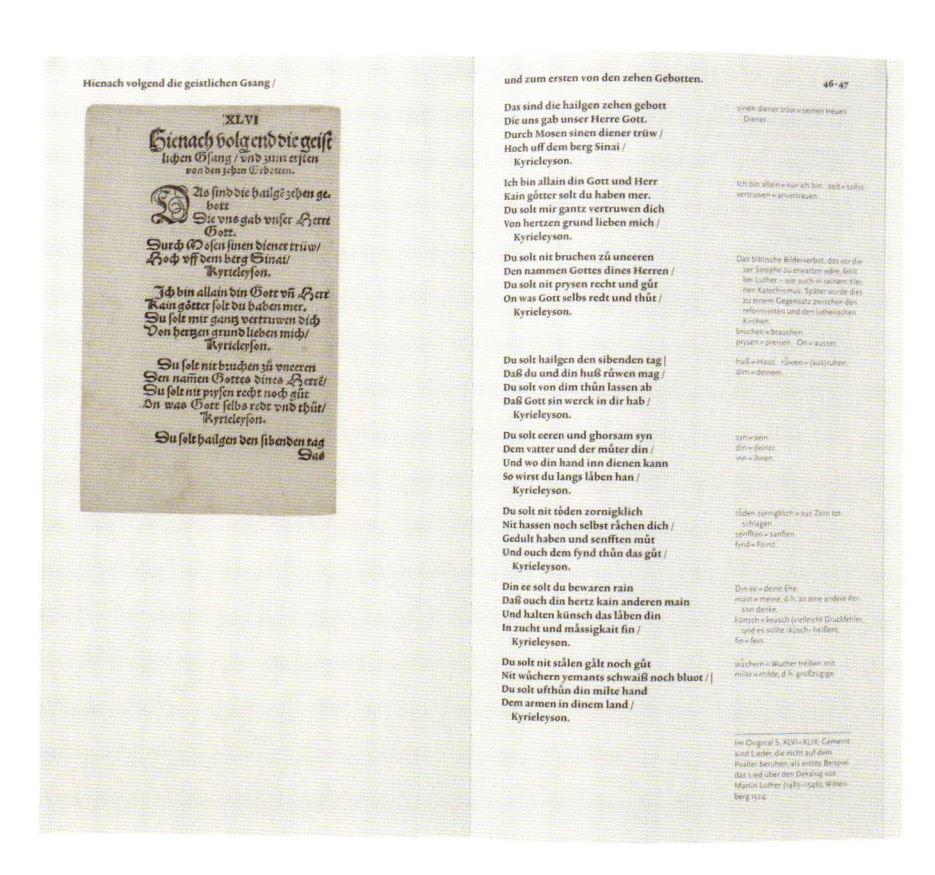

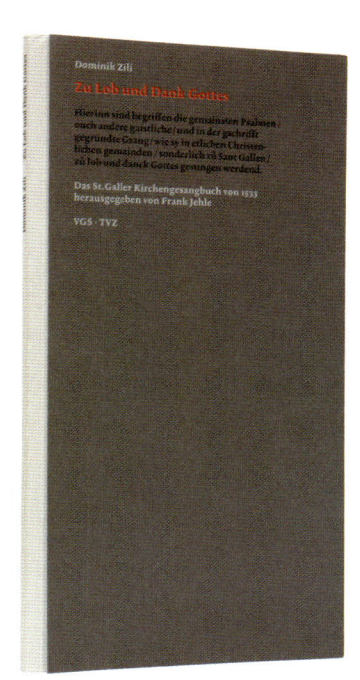

16世紀の教会聖歌集に現代語訳を加えた本

長く失われていた聖歌集の写本に現代語訳と注釈をつけた専門書。本文組は2段で、左段には聖歌の歌詞、右段には注釈を掲載。時に次の頁にまたがるほどの注釈だが、本書では重要な意味を持つ。組版から紙の選択、印刷、製本に至るまで、バランスがとてもよい本。

書名　Zu Lob und Dank Gottes.
　　　Das St. Galler Kirchengesangbuch von 1533
　　　（神を賛美し、神に感謝する　1533年版聖ゴール教会聖歌集）
著者　Dominik Zili
発行　VGS Verlagsgenossenschaft St. Gallen
サイズ　295×157×7mm

Other Countries
その他の国

- 🇫🇷 **France** フランス
  Les Plus Beaux Livres Français
- 🇨🇿 **Czech Republic** チェコ
  Nejkrásnější české knihy roku
- 🇬🇧 **United Kingdom** イギリス
  British Book Design and Production Awards
- 🇦🇹 **Austria** オーストリア
  Die Schönsten Bücher Österreich
- 🇦🇺 **Australia** オーストラリア
  Australian Publishers Association (APA) Book Design Awards
- 🇨🇦 **Canada** カナダ
  Alcuin Society Canada Book Design Awards
- 🇨🇳 **China** 中国
  中国最美的书

ABCが飛び出す楽しい絵本

チェコの絵本作家、クヴィエタ・パツォウスカーの描いたアルファベットの飛び出す絵本。色鮮やかなABCが見開きごとに飛び出してくる。後半には型抜きの頁も。中国で印刷加工をすることでコストを抑えている。

応募国　フランス
書名　　À l'infini（限りなく）
著者　　Kveta Pacovska
発行　　Éditions du Panama
サイズ　270×270×25mm

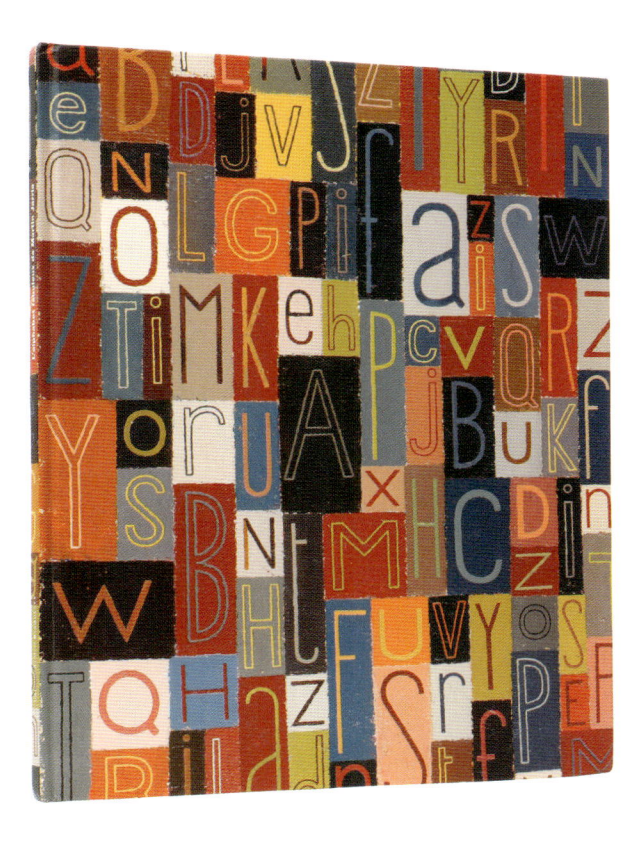

落ち着いた色合いのABCの本

アルファベット絵本。見開きの左頁にアルファベットが、右頁にその文字に関連した絵が描かれている。全体的に落ち着いた色みで統一され、多様なスタイルで描かれたイラストと表紙の文字に対して、タイポグラフィはシンプルにまとめられている。

応募国　フランス
書名　　L'Alphabet fabuleux（架空のアルファベット）
著者　　Martin Jarrie
発行　　Gallimard Jeunesse
サイズ　344×281×18mm

一回り小さい本がはさみ込まれた本

ヴィクトル・ユーゴーの手紙とデッサンがとじこまれた本。デッサン部分が1/4サイズの小さなブックレットになっており、頁の間にはさまれている。表紙には半透明の白い紙の帯が巻かれ、古典的で飽き飽きする従来のカタログに挑戦を挑んでいるかのようだ。

応募国	フランス
書名	L'Esprit de la lettre（手紙のエスプリ）
著者・監修	Danielle Molinari
発行	Paris-Musées
サイズ	277×223×20mm

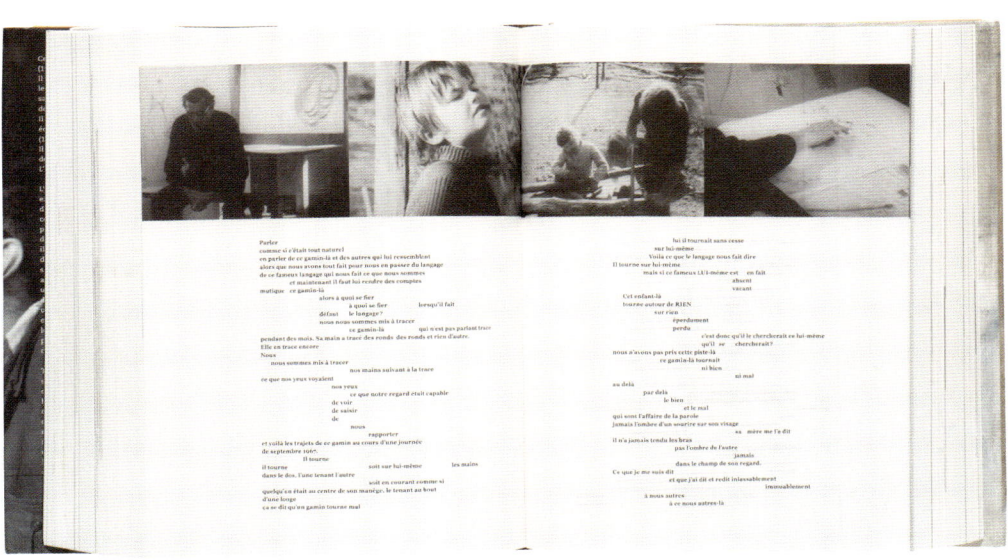

派手さはないが、独特のポリシーがある造本

自閉症の研究で知られるフランスの作家・教育学者、フェルナン・ドリニーの作品集。カラー写真がほとんどなく、モノクロの粗い写真と独特の組版が続く。わざと粗くした印刷、しっかりと盛られたインキにこの本のポリシーを感じる。

応募国	フランス
書名	Fernand Deligny, Œuvres（フェルナン・ドリニー作品集）
著者	Fernand Deligny, Sandra Alvarez de Toledo, Michel Chauvière, Annick Ohayon, Anne Querrien, Bertrand Ogilvie, Jean-François Chevrier
発行	l'Arachnéen
サイズ	223×177×69mm

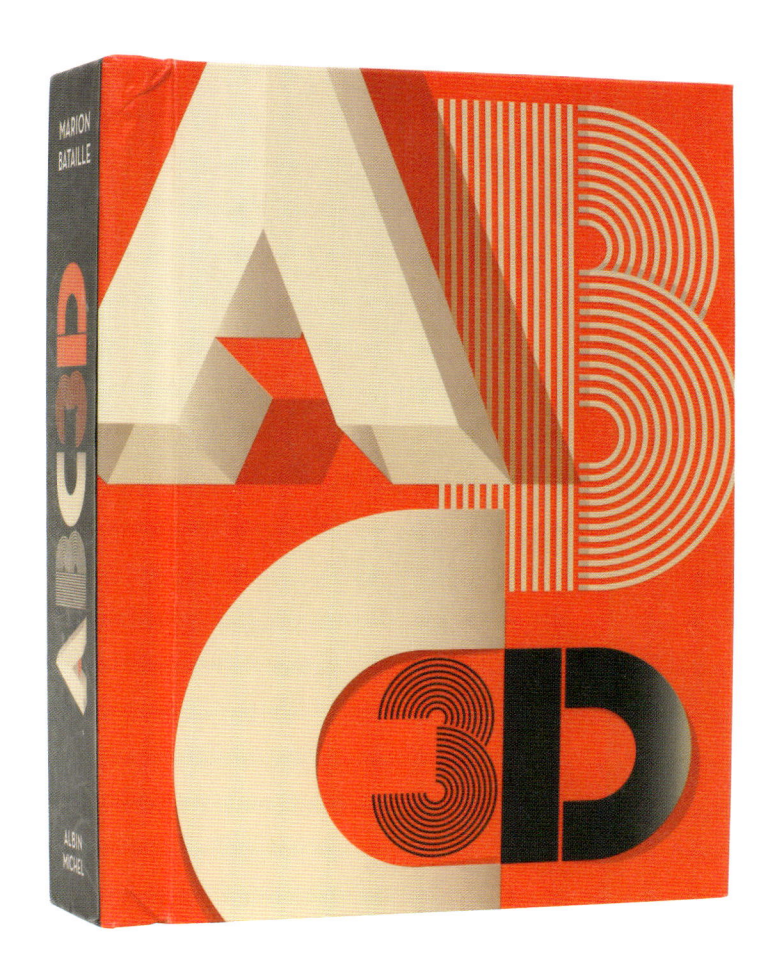

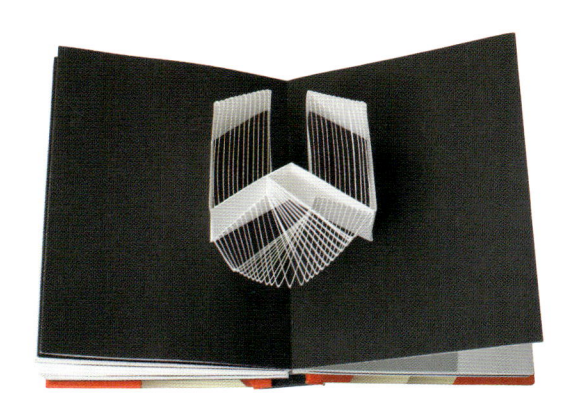

アルファベットの飛び出す絵本！

頁を開くと、AからZまでの文字が立ち上がる飛び出す絵本。とにかく豊富な飛び出し方のバリエーションに圧倒される。中国で印刷製本することでコストを圧縮、リーズナブルな定価に抑えている。表紙がレンチキュラー（動く絵）になっているバージョンもある。

応募国　フランス
書名　　ABC 3D
著者　　Marion Bataille
発行　　Albin Michel
サイズ　181×140×47mm

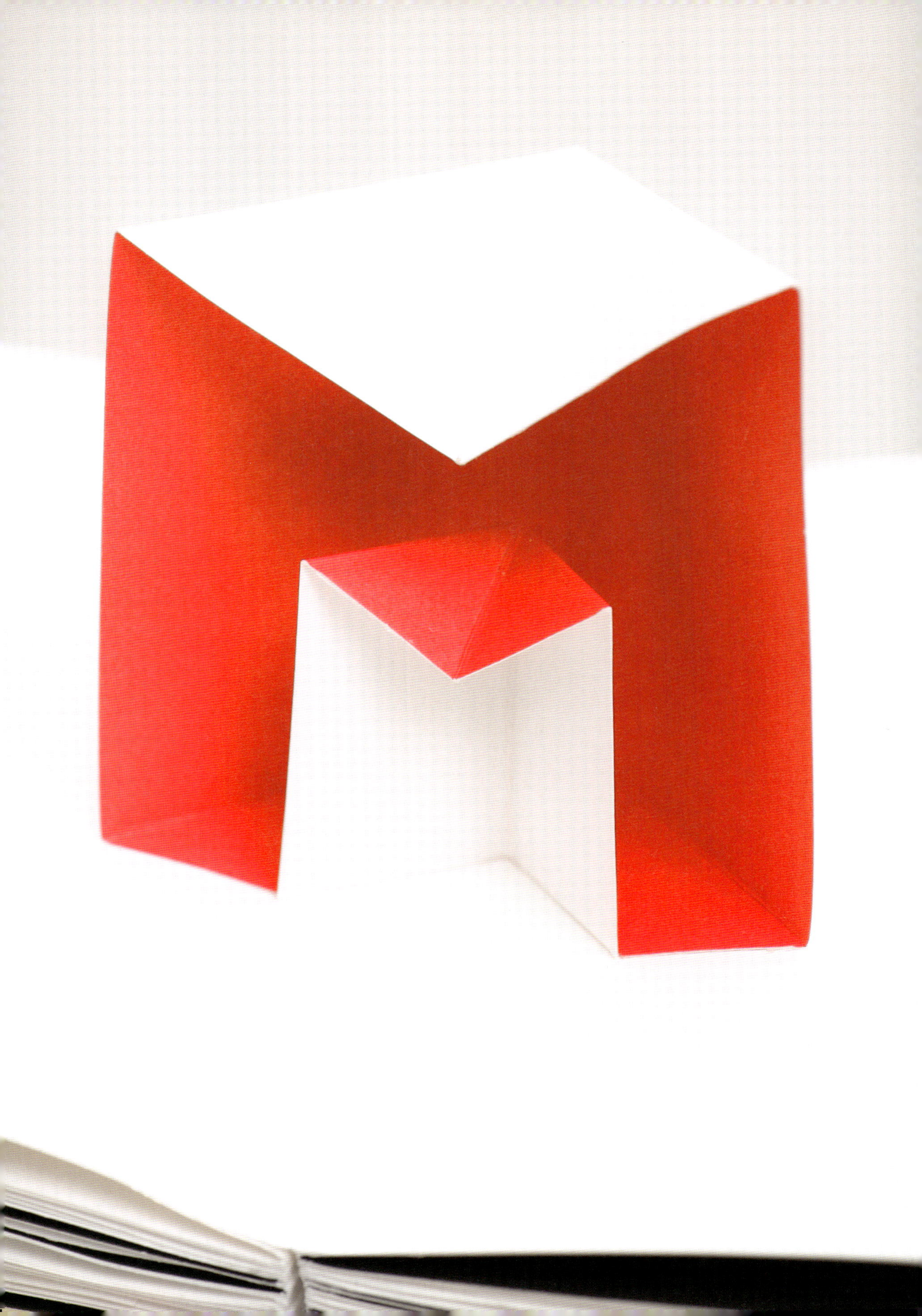

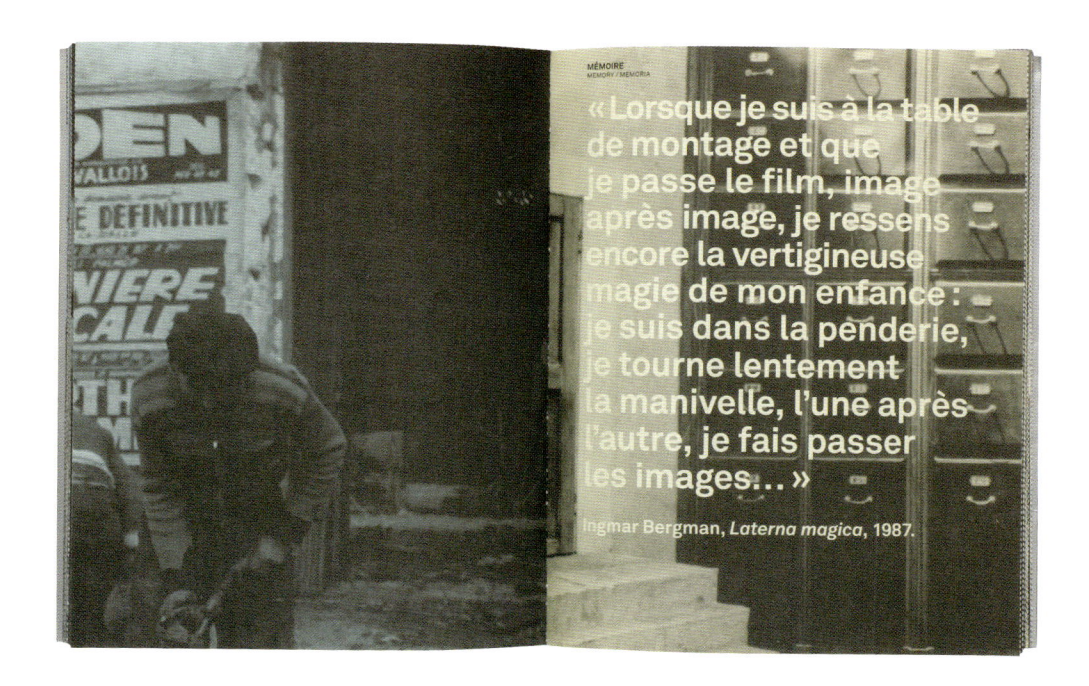

しっとりとしたたたずまいが魅力的な
映画に関する本

フランスのシネマテーク（映画の保存場所）を解説。袋とじの外側には2色刷で映画のシーンが、内側には4色刷りで解説や資料が印刷されている。感光乳剤を連想させる表紙の銀や、映画の発掘作業を示唆する袋とじなど、随所に映画への思いが感じられる。

応募国　フランス
書名　　Autour des cinémathèques du monde
　　　　（世界のシネマテークを巡って）
著者　　Robert Daudelin, Éric Leroy
発行　　CNC (Centre national de la Cinématographie)
サイズ　260×205×15mm

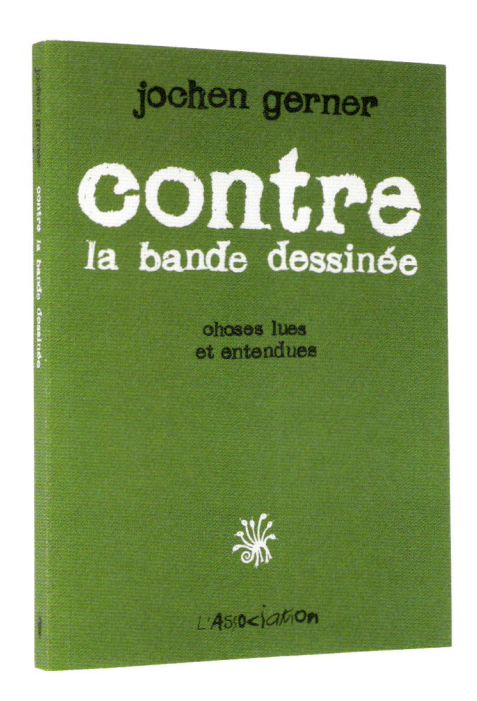

マンガをマンガで解説した本

マンガのテーマやストーリーなどについて、多くの資料をもとに手書きの文字とイラストで紹介した本。キャラクターや構図などのテーマで構成され、文もイラストも著者自らが描いている。難しく見えがちな内容を楽しいイラストで説明し、読みやすく編集した好著。

応募国　フランス
書名　　Contre la bande dessinée（マンガに寄り添って）
著者　　Jochen Gerner
発行　　L'Association
サイズ　218×153×13mm

白いビニールカバーの分厚い作品集

1995-2005年に芸術家ブリューノ・ペナドーが描いた56枚のエスキースの全部を実物大で再現した本。非常に分厚いが、判型がA5判と小ぶりなので軽やかだ。「学校のノートカバー」のような白いビニールの表紙も、軽やかな雰囲気に一役買っている。

応募国　フランス
書名　　Me, Myself & I（ミー、マイセルフ＆アイ）
著者　　Bruno Peinado
発行　　Éditions Loevenbruck
サイズ　210×148×67mm

資料性の高い、パリのモダン建築資料集

パリのモダン建築を扱った格調高い本。それぞれの建物には、建設当時の写真も入っており、資料性も高い。控えめな本文と対照的に、表紙はビビッドな黄色で、表面には透明UVの光沢加工が加えられて、マットとグロス面が対比されている。

応募国	フランス
書名	Guide d'Architecture Paris 1900-2008 (1900-2008年 パリ建築ガイド)
著者	Éric Lapierre
発行	Pavillon de l'Arsenal
サイズ	210×150×45mm

ページをめくると街ができあがるポップアップ絵本

ストラスブール装飾美術大学の卒業生が最初につくったポップアップ絵本。頁をめくるたびに新しい家や電柱が立ち上がり、最後には街が完成するというしかけ。ポップアップのしかけや配色もよく考えられていて、子どもから大人まで楽しめる1冊。

応募国　フランス
書名　　Popville（ポップタウン）
著者　　Anouck Boisrobert, Louis Rigaud
発行　　Hélium
サイズ　288×145×21mm

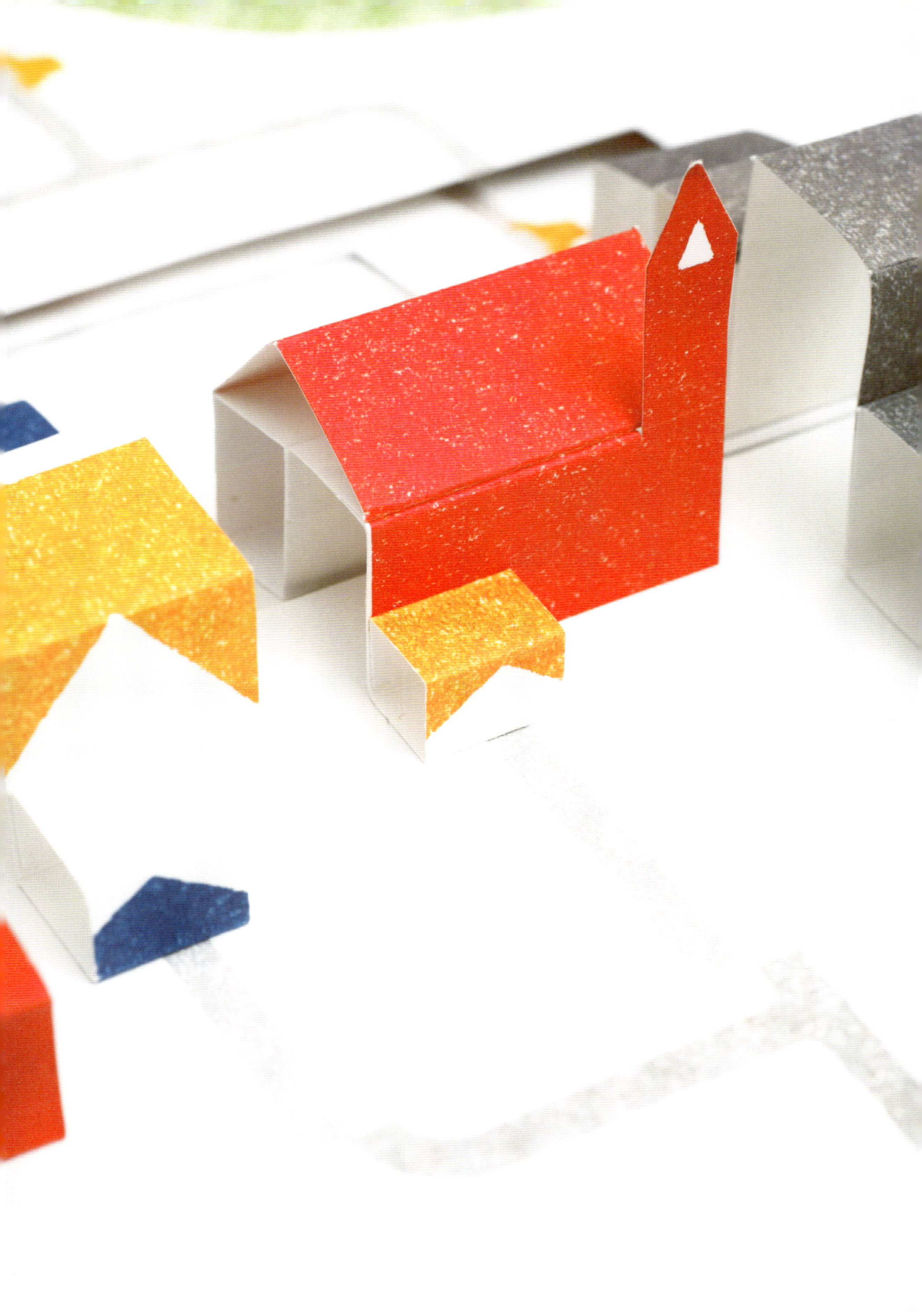

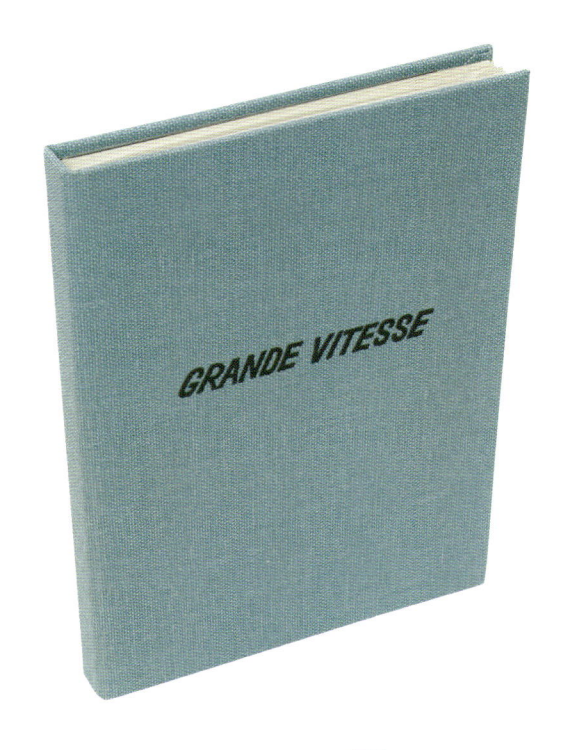

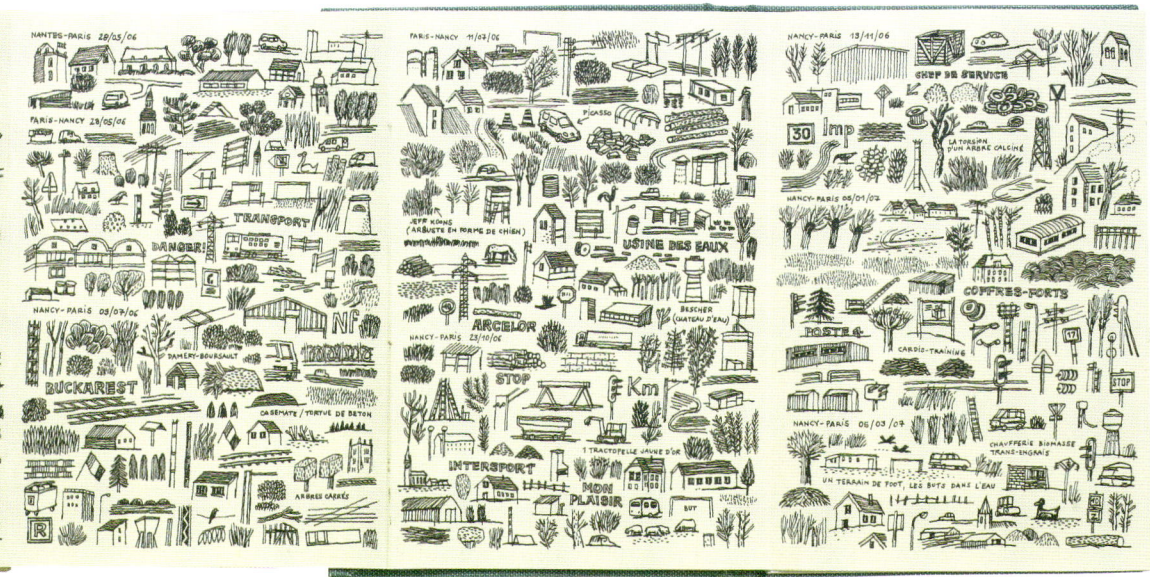

フランスの列車から見える風景をまとめた
クロッキー集

フランスの高速列車TGVの車窓から見える風景を描いたクロッキー集。家、車、街頭など小さなデッサンが連続して描かれた蛇腹折りの本。表紙はTGVのカーテンに包まれている。たたずまいも小ぶりでかわいらしく、美しい。

応募国　フランス
書名　　Grande vitesse（高速度）
著者　　Jochen Gerner
発行　　L'Association
サイズ　209×140×16mm

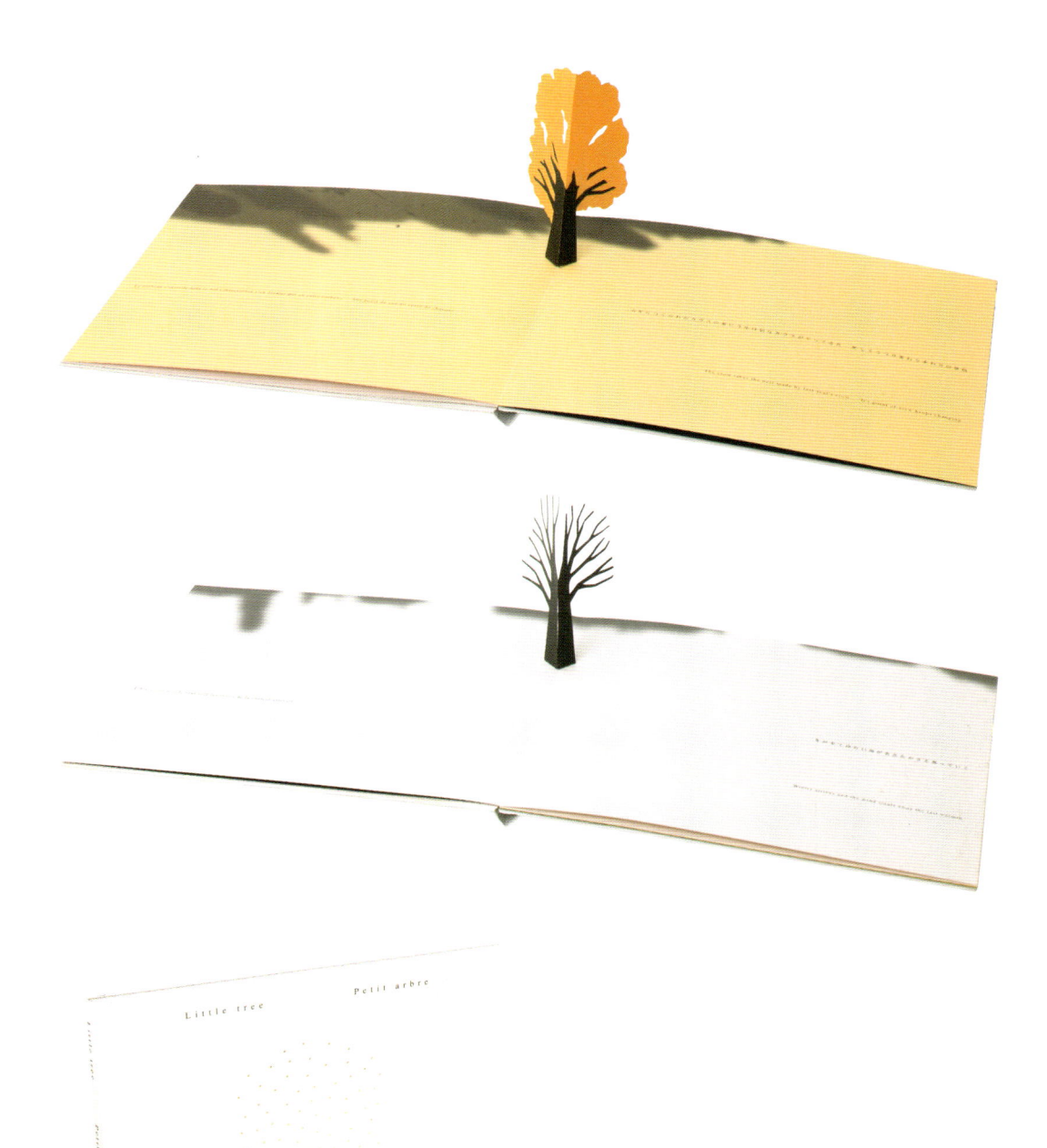

違う種類の紙で繊細につくられたポップアップ絵本

日本人絵本作家、駒形克己によるポップアップ絵本。頁をめくると、違う種類の紙でつくられた様々な樹々が立ち上がってくる。立ち上がった木の下にできる影も非常に美しい。純粋さと詩情が絶妙な色彩のアンサンブルと呼応している。

応募国　フランス
書名　　Petit arbre（小さな樹）
著者　　Katsumi Komagata
発行　　Les Trois Ourses
サイズ　210×260×9mm

表紙にスクラッチを使用

広告業界で活躍するチェコのデザイナー、スタジオ・ナイブレトの作品集。表紙には広告の遊びのように、スクラッチカードで使われる銀色のインキが印刷され、ひっかくと下からビジュアルが現れる。

応募国　チェコ
書名　　Život Štěstí Překvapeni（幸福と驚きの人生）
著者　　Studio Najbrt
発行　　Torst
サイズ　272×215×22mm

183 | United Kingdom

イギリス 2008

プロセスを解説したデザインの教科書

グラフィックデザインやデジタルアートなど、各分野の代表作を紹介しながら、その制作プロセスを具体的に紹介したデザインの教科書。シリーズはすべて正方形に近い同じ判型、大文字Fをあしらった表紙デザインで統一されている。

受賞国　イギリス
書名　　The Fundamental Series（基本シリーズ）
発行　　AVA Publishing
サイズ　228×202×14mm

学生部門で選出されたアートブック

グラフィックデザイン科の学生たちが「home」をテーマにした作品をつくり、それらを1冊にまとめたアートブック。コンクールのベスト・スチューデント・ブック部門で選出された。黒い表紙のタイトル部分を型抜きし、下の赤が浮かび上がるように工夫されている。素材の選択、製本、デザインもすばらしい。

受賞国　イギリス
書名　　Row'nd Arh-End（ロウンド・アー・エンド）
著者　　Nathan Traverner, Arran Rushforth
発行　　The Caseroom Press
サイズ　125×176×7mm

写真を組み合わせた建築エッセイ集

2010年のベネチア建築ビエンナーレにあわせてつくられた建築家たちのエッセイ集。文章とイメージ写真が交互に重なるように構成。写真頁の白い紙とエッセイの印刷された薄いピンクの頁がリズミカルに入れ替わり、本としてのたたずまいも美しい。

応募国	オーストリア
書名	Sehnsucht. The Book of Architectural Longings （憧れ　建築的憧憬の書）
編著	Die Walverwandtschaften München Zürich Boston Cordula Rau Eberhard Tröger Ole W. Fischer, München / Zürich / Boston
発行	Springer - Verlag, Wien / New York
サイズ	244×170×24mm

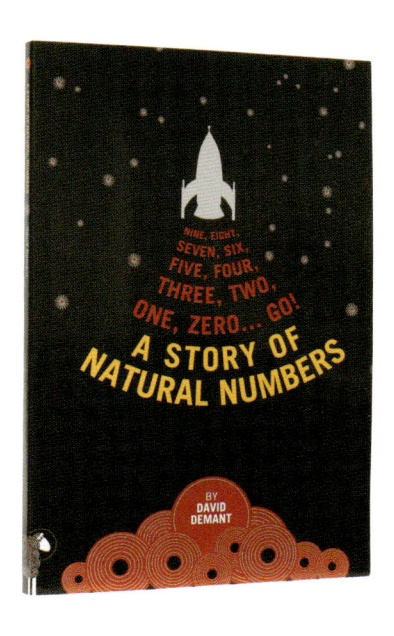

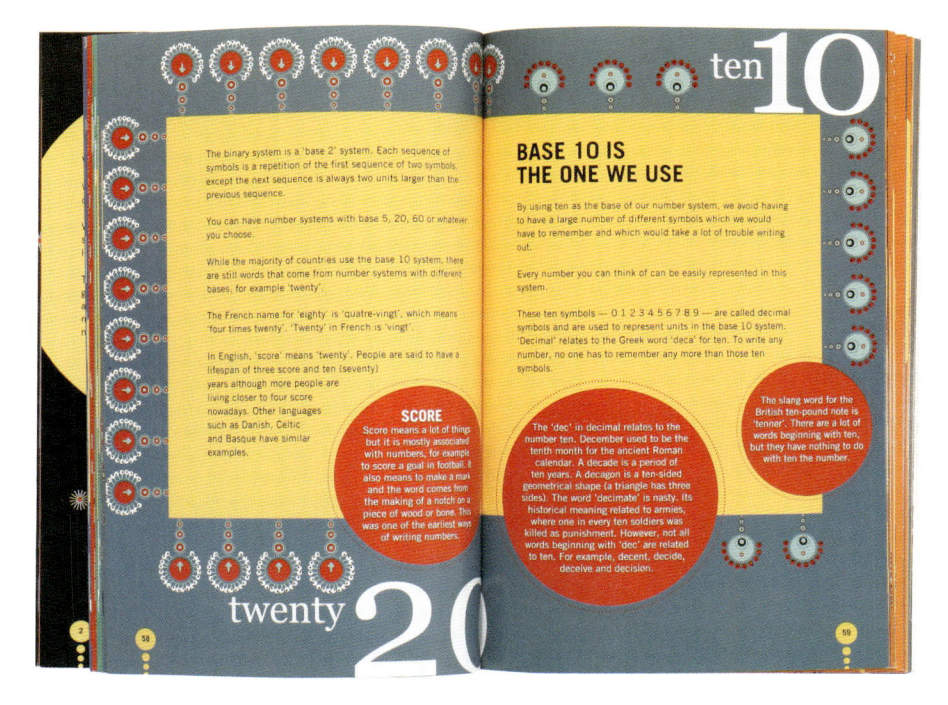

わかりやすく魅力的な自然数の本

難しいテーマを魅力的に見せている自然数の本。複雑なつくりではあるが、1頁ずつ実に注意深くデザインされている。本の中で、形を変えて繰り返し出てくるロケットの絵がよい効果を生んでいるほか、色使いが大胆で斬新なところも魅力。

応募国　オーストラリア
書名　　A Story of Natural Numbers（自然数の歴史）
著者　　David Demant
発行　　black dog books
サイズ　235×155×10mm

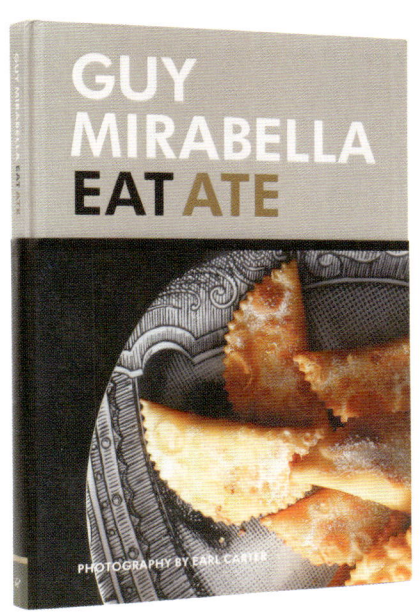

実用性と美しさを兼ね備えた料理書

本書は良質の本がそろっている料理書の分野で、有用性と優美さを兼ね備えていると審査員から評価された。ところどころに、料理以外のイメージカットや、一回り小さいサイズの薄い頁がはさみ込まれ、料理書とは思えない凝った造本になっている。

応募国	オーストラリア
書名	Eat/Ate（食べる 食べた）
著者	Guy Mirabella
発行	Hardie Grant Books
サイズ	301×216×22mm

オーストラリア 2009

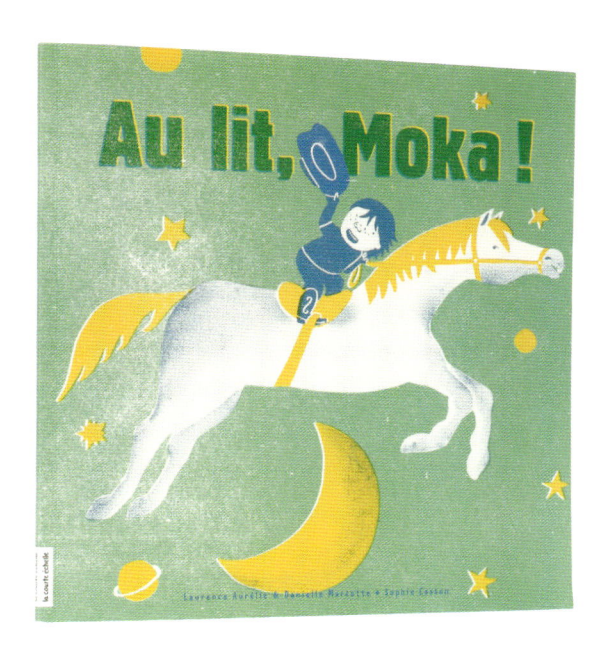

文と絵が融合した子ども向け絵本

タイポグラフィと版画風のイラスト、どちらにも楽しい動きがある子ども向けの絵本。見事にバランスのとれたこの本では、文章と絵が真に融合している。配色もすばらしい。

応募国　カナダ
書名　　Au lit, Moka!（ベッドにおはいり、モカ！）
著者　　Danielle Marcotte, Laurence Aurélie
発行　　les éditions de la courte échelle
サイズ　250×250×4mm

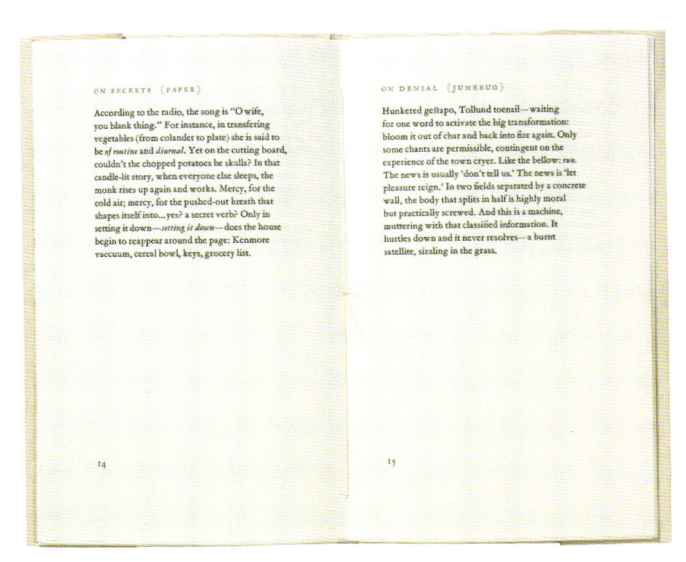

活版印刷＆手製本でつくられた本

ジェイク・ケネディの詩14篇を収めた詩集。活版印刷で印刷され、糸でとじられている。紙の選択、本文の組版も申し分なく、本として全体のたたずまいも美しい。115部のみの限定出版。
（限定部門で受賞）

応募国　カナダ
書名　Light & Char（ライト＆チャー）
著者　Jake Kennedy
発行　Greenboathouse Press
サイズ　255×156×5mm

端正な組版で騎馬警官の歴史を伝える本

アメリカ北西部騎馬警官の歴史をビジュアルと文章でつづった本。様々な資料が収まった複雑な本だが、多くのことを試み、成功している。ドロップキャップ（段落の最初の文字を大きくする組み方）がアクセントになっている中頁の組版も美しい。

応募国　カナダ
書名　The Wild Ride. A History of the North West Mounted Police, 1873–1904（荒野の警官　北西部騎馬警官の歴史）
著者　Charles Wilkins
発行　Stanton Atkins & Dosil Publishers
サイズ　235×220×25mm

スケッチブックのようなリングとじの本

リングとじのスケッチ集2冊がセットになった本。商業用につくられたのではない、誰かのスケッチブックのような雰囲気で、外箱にはキャンバス地を使用。表紙のデザインは率直で清潔感があり、コーティングされていない用紙が飾らない雰囲気を伝えている。

応募国　カナダ
書名　Helen Griffin's Savary Island: a Selection of Sketches, Paintings & Notes from her Time on the Island, 1947–1983 (2 vol. cased | sous étuis)
（ヘレン・グリフィンのセイヴァリー島　島で過ごした日々からのスケッチ・絵画＆メモの選集　2巻組、箱入り）
編者　Tony Griffin
発行　Savary Island Heritage Society, Tony Griffin
サイズ　270×190×10mm

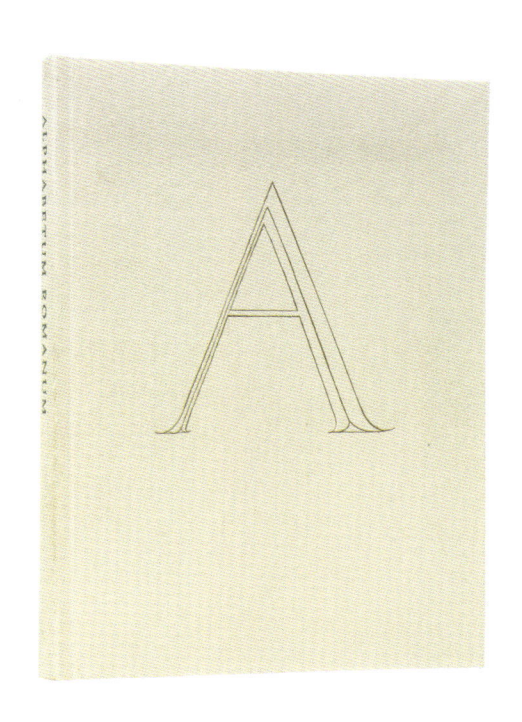

アルファベットA–Zを描いた手づくりの本

15世紀の書家、フェリス・フェリシアーノの文字をAからZまでトレースした薄い小冊子。手書きのレタリングとレタープレス（活版印刷）は非常に美しい。特別にすかれた紙が使われ、115部のみ限定出版された。（限定部門で受賞）

応募国　カナダ
書名　Alphabetum Romanum: the Letterforms of Felice Feliciano, c.1460
　　　（ローマン・アルファベット　フェリス・フェリシアーノの文字の形）
著者　Paul F. Gehl, Jason Dewinetz
発行　Greenboathouse Press
サイズ　200×157×10mm

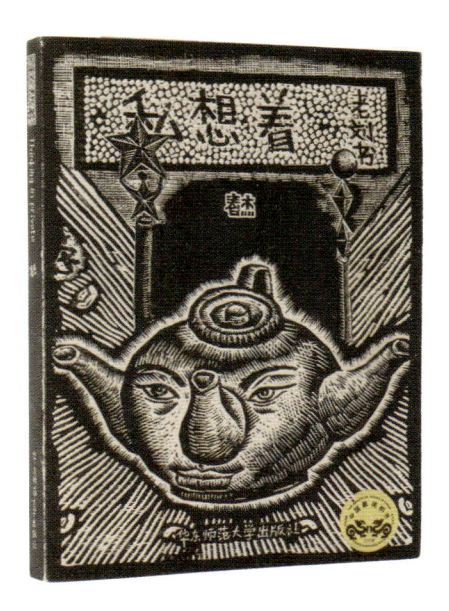

文字、イラスト、素材が一体となった本

挿し絵入りの小説。精緻なイラストが全編にちりばめられ、情緒あふれる読書体験を与えてくれる。言語の表現方法は一貫しており、文字、イラスト、色彩、材質、手法など、それぞれの要素には細やかな注意が払われている。

応募国　中国
書名　　私想着（私は思う）
著者　　劉春傑
発行　　华东师范大学出版社（華東師範大学出版社）
サイズ　200×150×15mm

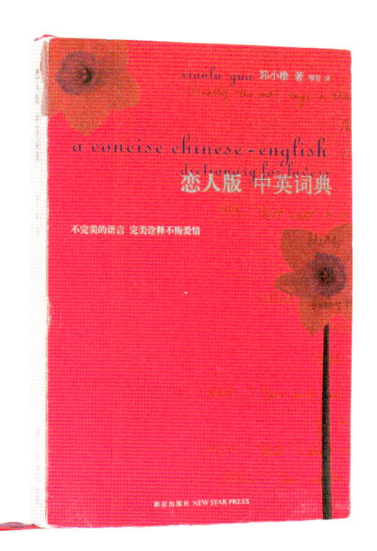

英語と中国語を対比させたエッセイ集

恋愛に関するエッセイ集。見開き頁に中国語と英語を対比させ、それぞれピンクと紫色で区別している。英語のほうは本を90度回転させてヨコ組にしているので、やや読みづらい。本文の色と対応した2色のしおりがついている。

応募国　中国
書名　　恋人版中英词典（恋人のための中英事典）
著者　　郭小橹
発行　　新星出版社
サイズ　220×146×26mm

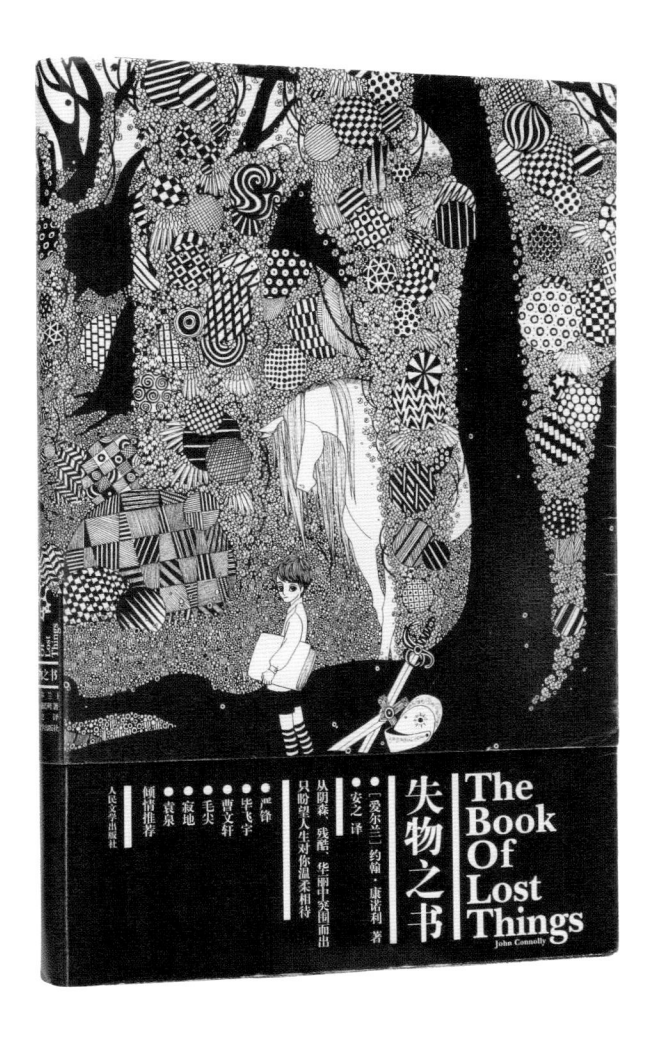

イラストとデザインがマッチした小説

イラスト入りの小説。表紙の絵は連続しており、広げるとポスターになる。全体的にコントラストの強い黒が支配し、中頁に点在する黒い円がアクセントとなってデザインを引き締めている。現代中国を思わせるモダンな装丁が特徴的。

応募国　中国
書名　　失物之书（遺失物の本）
著者　　[爱尔兰] 约翰・康诺利
発行　　人民文学出版社
サイズ　230×148×15mm

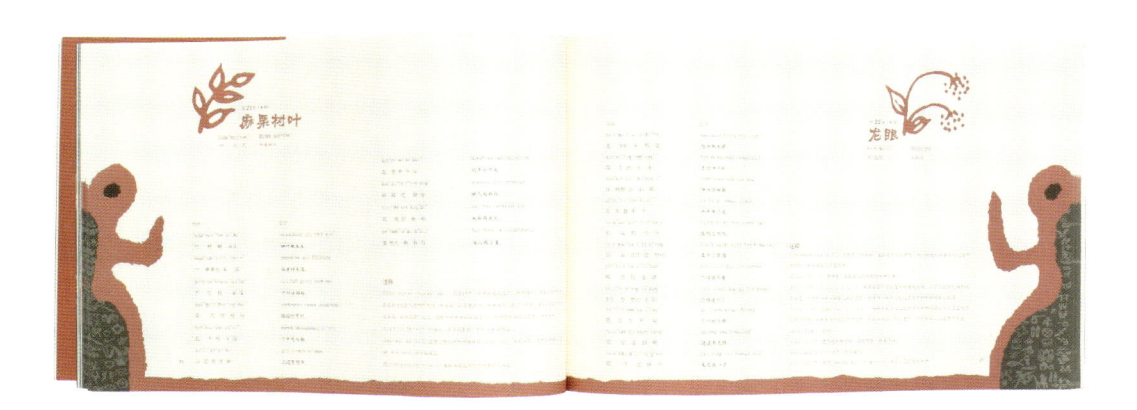

豪華な製本の少数民族歌謡集

少数民族、壮族の歌謡集。漢語と壮族語の対訳に意訳を追加。本は1冊ずつ手で糸をとじて製本され、段ボール製のケースに収められている。デザインには強い地域性を打ち出しており、少数民族文化の普及に大きな効果を発揮すると思われる。

応募国　中国
書名　　坡芽歌书（壮汉对照）（坂芽歌書）
発行　　民族出版社
サイズ　270×420×16mm

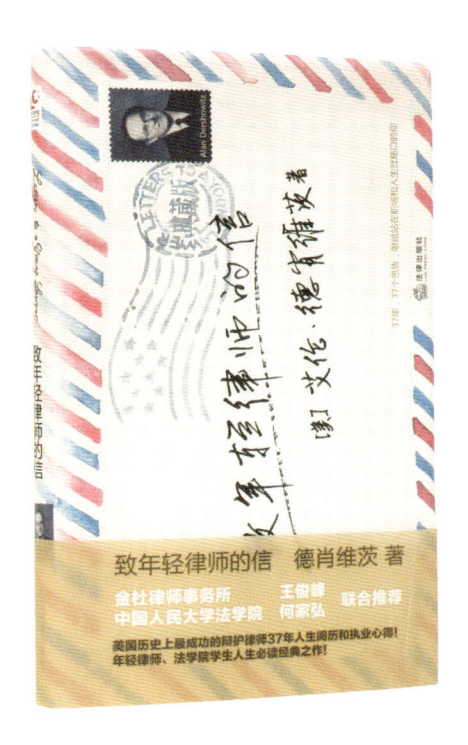

エアメールのデザインをうまく活かした
アメリカの翻訳書

アメリカの作家が手紙形式で記したコラムの翻訳書。表紙はエアメールのデザインを模したもので、全体のデザインモチーフとして消印が使われている。古いタイプライターの文字を加え、2色印刷で独特の雰囲気を表現。全体のレイアウトとフォントの視認性もよい。

応募国　中国
書名　致年軽律師的信(典藏版)(若い弁護士へ)
著者　德肖維茨(アメリカ)
発行　法律出版社
サイズ　218×138×15mm

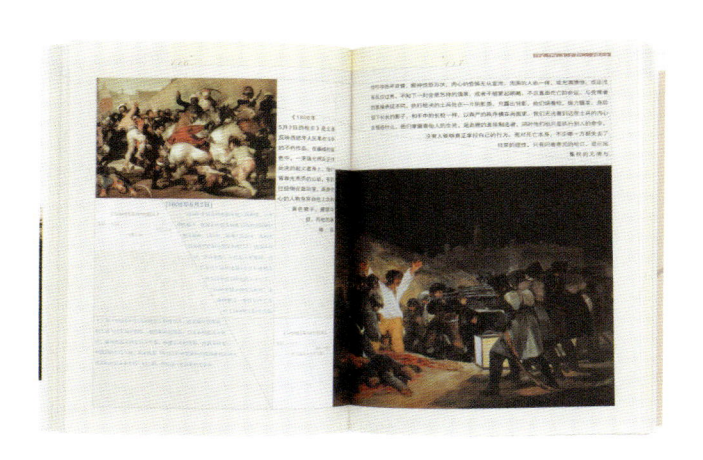

独特なレイアウトが目をひく西洋絵画のシリーズ

西洋絵画史紹介シリーズ。この巻は著名な西洋絵画を集めたもの。強烈な絵柄のイメージを一体化させた表紙デザインや、本文を斜めに切断するレイアウトも独特。全3冊の統一感、一体感も保たれている。

応募国　中国
書名　　西方艺术大师系列－大师画历史
　　　　（西洋絵画の巨匠シリーズ　西洋美術史）
著者　　章腊梅、乔櫻子
発行　　中国青年出版社
サイズ　210×165×13mm

中国 2009

凝った造本の中国のブックデザイン年鑑

ブックデザインの入選作品を集めたデザイン年鑑。上下2巻セットになっており、蛍光オレンジを使ったデザインや、ギザギザの切れこみを入れた側面の処理なども目をひく。審査の過程を漫画風にまとめたり、審査員の作品も掲載したり、と編集も工夫されている。

応募国　中国
書名　　书境（本の鏡）
発行　　中国書籍出版社
サイズ　210×288×41mm

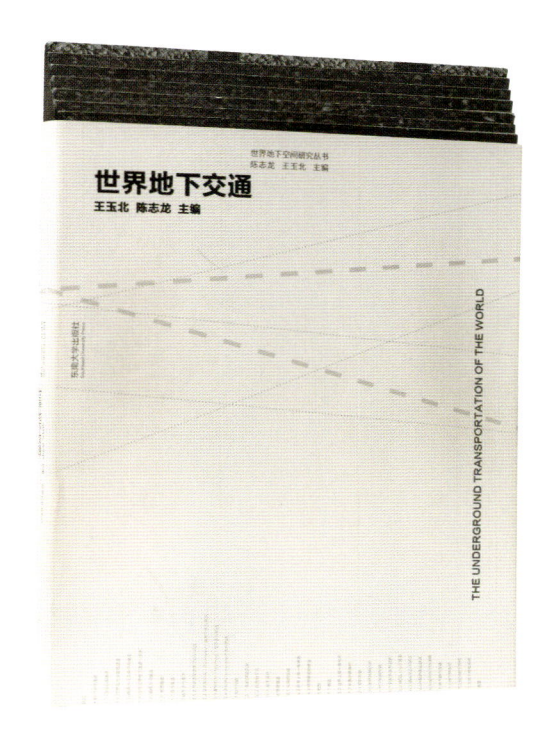

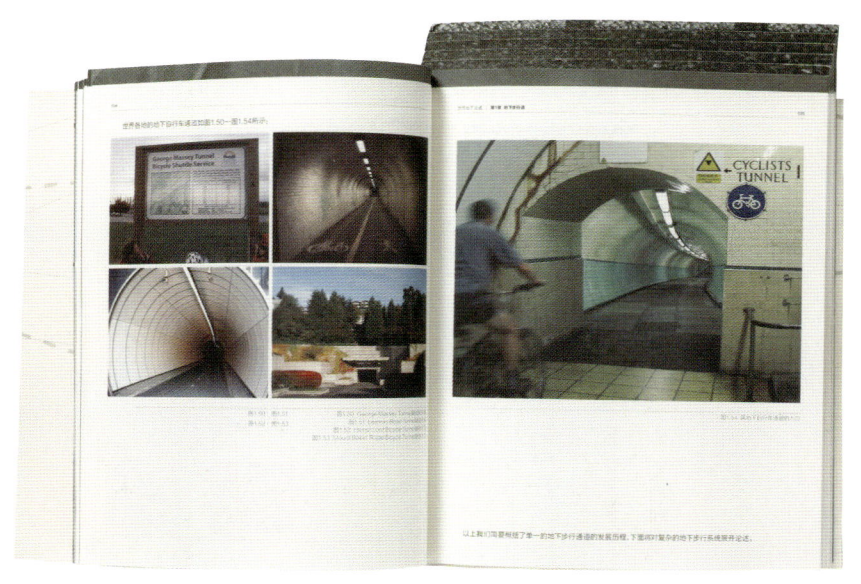

中頁が階段状の段差になっている本

地下鉄など、世界の地下交通について書かれた技術書。表紙上部の模様はアスファルト道路をイメージ。中頁が階段状に段差になっており、表紙側から見えるという独特なデザイン。文字と画像のレイアウトは荘厳で、時々配される黒ベタ面がリズム感を与えている。

応募国	中国
書名	世界地下交通（世界の地下交通）
著者	王玉北、陈志龙
発行	东南大学出版社
サイズ	278×210×17mm

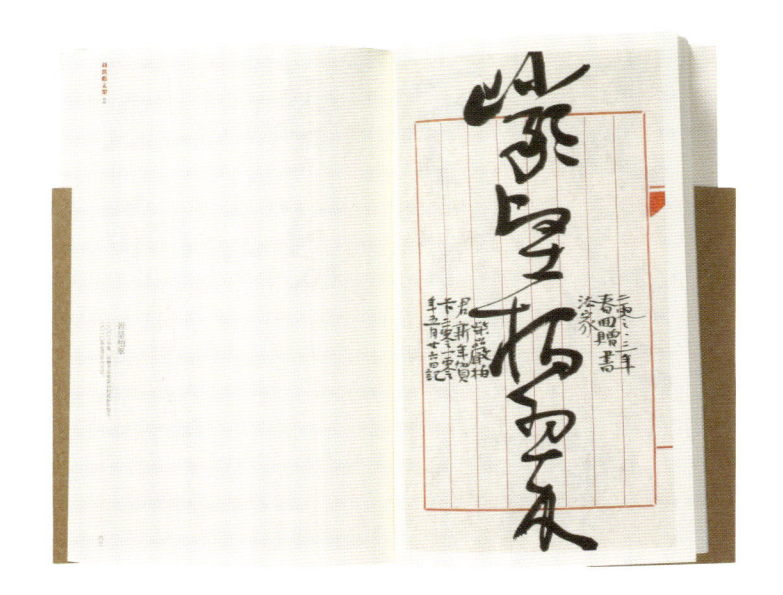

中国の書籍らしい風格のある本

中国の書道家の作品集。詩、句、文章などが収められた5巻組。にじみ文字を使った色の異なる帯に、統一感と変化があり、表紙の箔押しが現代的な要素を与えている。行間は適切で、レイアウトも合理的。漢字の文化的創意性をよく表し、中国の特色が出ている。

応募国　中国
書名　　刈洪彪文墨
著者　　刈洪彪
発行　　解放軍出版社
サイズ　260×170×80mm

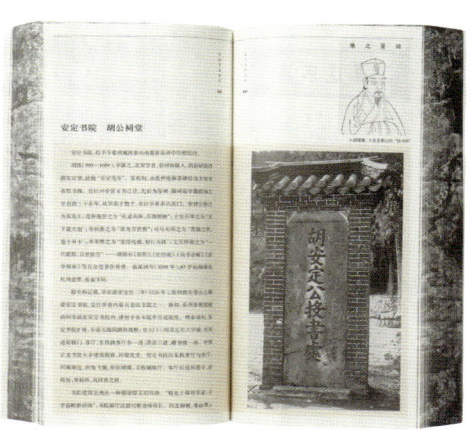

レンガのようにぶ厚い本

泰州の歴史と文化について書かれた本。本書の最大の特徴は城壁のレンガのような外観。長方形の判型は、本書の特質や我々の読書習慣にもふさわしい。外観デザインは個性的だが、内容は人間味にあふれており、両者が絶妙にマッチした本。

応募国　中国
書名　　泰州城脉（泰州城脈）
著者　　成爱君
発行　　江苏教育出版社
サイズ　286×150×42mm

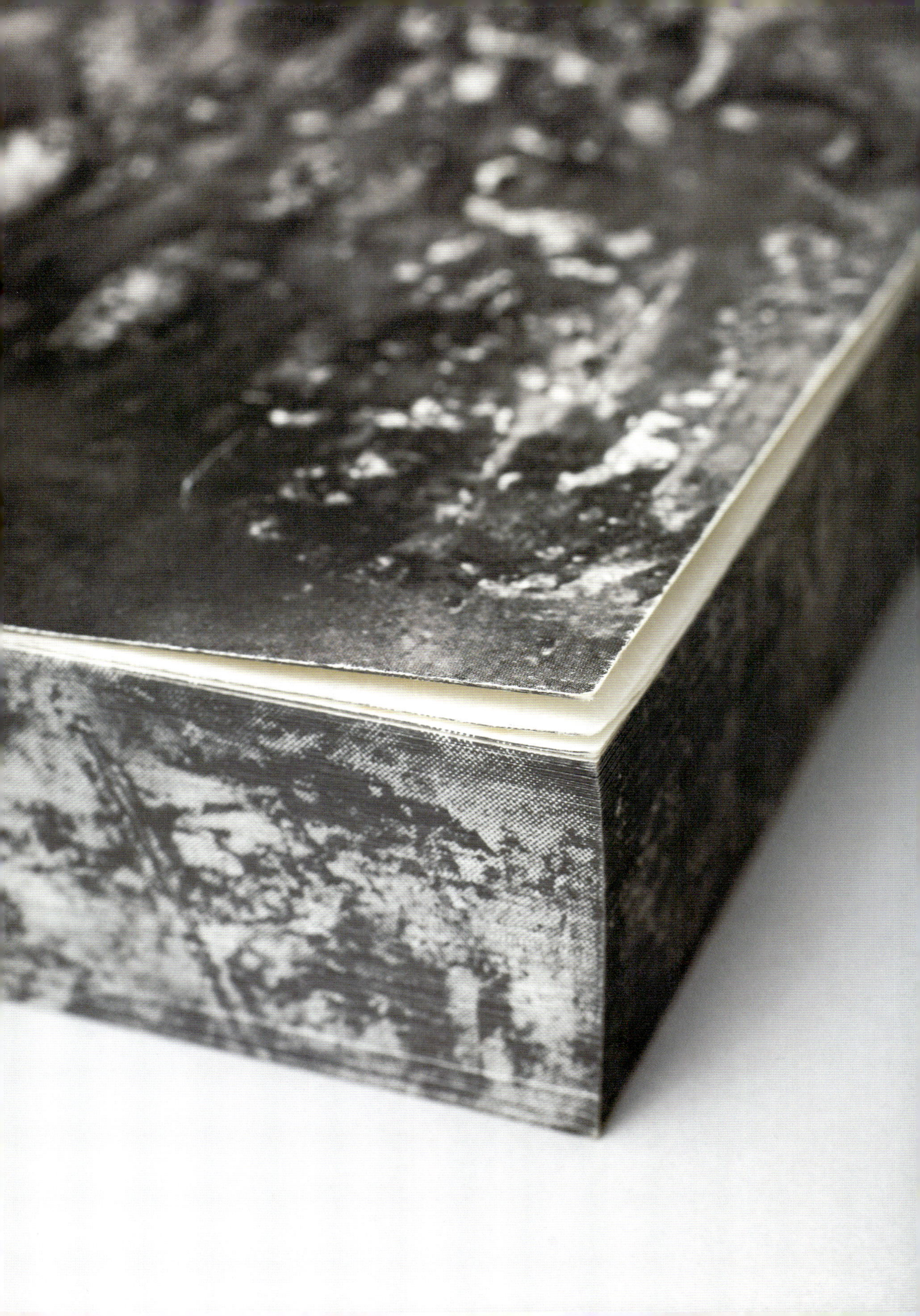

Index
書名索引

A

A5	080
ABC 3D	172
A Changing View from Amsterdam	129
Adolf Hölzel für Kinder	085
Adrian Frutiger—Schriften. Das Gesamtwerk	067
À l'infini	168
Alphabetum Romanum	192
And Willem. Documentation of a Youth	040
A NOT B	130
Archäologie der Zukunft	144
Arosa. Die Moderne in den Bergen	145
Art is Arp	025
A Story of Natural Numbers	186
Atlas der abgelegenen Inseln	090
Atlas of the Conflict. Israel–Palestine	047
Atlas Transformance	044
Au lit, Moka!	188
Autour des cinémathèques du monde	174

B

Bajuschka	099
Barkow Leibinger. Reflect	148
Bemoeizorg.	042
Ben Joosten. Tussen brons en lood	131
Bildsatz.	070
Bladeren door het Amerikaanse landschap.	124
Brehms verlorenes Tierleben	017

C

Carsten Nicolai. Static Fades	018
Casco Issue XI.	152
Cent Pages (collection)	015
Centre Culturel Suisse Paris. 2006 2007 2008	151
Cerith Wyn Evans.	165
Churchward International Typefases	123
Contre la bande dessinée	175
Cornelius Quabeck. Hood	108

D

Das Atombuch	087
Der Sturm (1910–1932). Expressionistische Graphik und Lyrik	163
Designlehren	065
Design Reaktor Berlin	088
Die Akademie, die Kunst, die ProfessorInnen	086
Die ganze Zeit	091
Die Insel	098
Die Mitte des Volkes	009
Die Pest	092
Die Stimme der Natur. 100 Jahre Pro Natura	039
Die totale Aufklärung. Moskauer Konzeptkunst 1960–1990	072
Doppelleben	081
Družstevní práce Sutnar-Sudek	013

E

Eat /Ate	187
Een restructief boek van Lingotto	126
Eigentumsvorbehalt	035
Emma und Pferd Beere	082

F

Fassaden aus Holz	043
Fernand Deligny, Œuvres	171
Fluff XVII	118
Formulare gestalten	052
Foster 40. Projects and Themes	056
Früh los.	164

G

Gebäudeintegrierte Photovoltaik. — 084
Geert van kesteren. Baghdad Calling — 023
Geohistoria de la Sensibilidad en Venezuela — 011
Gerd Arntz. Graphic Designer — 050
Geschäftsbericht — 094
Gijs Frieling. Vernacular Painting — 122
Grande Vitesse — 180
Guide d'Architecture Paris 1900–2008 — 177

H

Han Bennink. Cover art for ICP and other labels — 111
Handbuch der Wildwachsenden Großstadtpflanzen — 014
Hans Eijkelboom.
Goede bedoelingen en modern wonen — 132
Hardau — 019
Helen Griffin's Savary Island — 191
Helmut Dietz — 089
Hinan und hinab — 062
Hoe komt wie vliegt ooit tot bedaren. — 102

I

Ik leer je liedjes van verlangen
en aan je apenstaartje hangen — 133
Inside the White Cube. Overprinted Edition — 161
Io non ho paura — 061

J

Jaarboek Academie van
Bouwkunst Amsterdam 2006–2007 — 114
Jak jsem potkal Ďábla — 041
Jazz. — 054
Johannes Wohnseifer. Werkverzeichnis 1992–2007 — 150
Jules Spinatsch — 036

K

Katalog/Desire in Representation — 095
Kaugummi — 076
KIOSK. Modes of Multiplication — 162
Koen Hauser. De luister van het land — 113
Koos Breukel. Faire Face — 137
Kunst op Kamers 2008 De Rijp — 116

L

L'Alphabet fabuleux — 169
Landpartie 07 — 060
Leerzeichen für Applaus — 049
Leo Vroman. tekenaar — 134
L'Esprit de la lettre — 170
Letterlap — 078
Light and Char — 189
L'Imagier des gens — 026

M

Mangold und Pastinake — 053
Marcel Meili, Markus Peter 1987–2008 — 069
Marte. Marte Architects — 024
Me, Myself & I — 176
Menhattan — 125
Migropolis — 029
Mondriaan Stichting. Jaarverslag 2006 — 016
Mondriaan Stichting. Jaarverslag 2007 — 022

N

Nature Design — 059
Na, was glaubst du denn, wohin wir marschieren? — 093
Neon Pantheon. — 083
Net niet verschenen boeken — 138

Neues Bauen in den Alpen. Architekturpreis 2006 — 155
Nieuwsgierigheid. — 104

O

Off the Record. — 128
Ofoffjoff. One to one — 110
Oneness/Mariko Mori — 012
Open City. Designing Coexistence — 038

P

Pē de pai — 008
Petit arbre — 181
Petra Blaisse. Inside Outside — 107
Piet Paris Fashion Illustrations — 135
Popville — 178
Professor Pfeffers tierisches Abenteuer — 096
Projekt Vitra. — 020

Q

Quickscan NL #01 — 141

R

Rasterblock — 077
Ringel Goslinga. Family Tree — 109
Rirkrit Tiravanija. A Retrospective
(tomorrow is another fine day) — 146
Rob Voerman. Aftermath — 136
Rohstoffe. — 073
Row'nd Arh-End — 184

S

Schapen tellen — 103

Schriftwechsel — 066
Sehnsucht. The Book of Architectural Longings — 185
Shanghai New Towns — 139
Simon Starling. Cuttings [Supplement] — 158
Song through 21st Century Eyes.
Yaozhou and Qingbai Ceramics — 120
Sonntagsfreuden — 156
Stets zu erschiessen sind frauen,
die in der roten armee dienen — 093
Steven Aalders. Cardinal Points — 140
Stills. Wiel Arets — 142
Subjective Atlas of Palestine — 106

T

Teaching Architecture — 048
The Black Book — 074
The Fundamental Series — 183
The Wild Ride. — 190
Thomas Galler.
Walking through Baghdad with a Buster Keaton Face — 037
Tobias Frere-Jones.
Gerrit Noordzij Prize Exhibition Catalogue — 119
Transfer — 154

U

Umsichten. Positionen und Perspektiven zur
Vermittlung von Gestaltung und Kunst — 149

V

Valentin Carron. Learning from Martigny — 159
Vinex Atlas — 027
Vitra. The Home Collection 2007/08 — 010
Voids. A Retrospective — 034

W

Walter Niedermayr/
Kazuyo Sejima + Ryue Nishizawa/Sanaa ———— 055
Wandernde Schatten ———— 068
Werkkunst. ———— 058
When you travel in Iceland you see a lot of water ———— 097
Willeke van Tijn, Gerbrand Volger. Back to the USSR ———— 115
Wim van Krimpen ———— 112
Windsbraut ———— 064

X

XX- ———— 032

Y

Your mobile expectations. BMW H2R project ———— 071

Z

Zazie in der Metro ———— 046
Zettel's Traum ———— 100
Život Štěstí Překvapeni ———— 182
Zu Lob und Dank Gottes. ———— 166

数字

0,0203929 Tonnen Stahl ———— 075
1989. Ende der Geschichte oder Beginn der Zukunft? ———— 029
40 Portraits ———— 160

漢字

之后　The After Concept & Works Book ———— 006
中國記憶 ———— 028

诗经 ———— 031
私想着 ———— 193
恋人版中英词典 ———— 194
失物之书 ———— 195
坡芽歌书(壮汉对照) ———— 196
致年轻律师的信(典藏版) ———— 197
西方艺术大师系列—大师画歷史 ———— 198
书境 ———— 199
世界地下交通 ———— 200
刘洪彪文墨 ———— 201
泰州城脉 ———— 202

印刷博物館

東京文京区にある印刷に関する展示、資料収集を行う博物館。
展示室のほか、活版印刷などの印刷が実際に体験できる「印刷の家」、
印刷関連図書専門のライブラリー、ギャラリー、ミュージアムショップを併設。
2000年に凸版印刷が100周年記念事業の一環で設立し、
印刷文化に関わる資料の蒐集や研究活動、
印刷体験ワークショップなどの実践・啓蒙活動を行っている。
2008年より毎年、世界で最も美しい本コンクール入選作品を展示する
「世界のブックデザイン」展を開催。

http://www.printing-museum.org/

世界の美しい本
Best Book Design from all over the World

世界で最も美しい本コンクール 入選作品コレクション

2012年8月25日　初版第1刷発行

編者　　グラフィック社編集部
発行者　久世利郎
発行所　株式会社グラフィック社
　　　　〒102-0073　東京都千代田区九段北1-14-17
　　　　TEL 03-3263-4318　FAX 03-3263-5297
　　　　http://www.graphicsha.co.jp
　　　　振替 00130-6-114345
印刷・製本　図書印刷株式会社

アートディレクション　　居山浩二 (iyamadesign)
デザイン　　杉村武則、柴田沙央里 (iyamadesign)
DTP　　コントヨコ
撮影　　村上圭一
文　　寺本美奈子 (印刷博物館)
文・編集　　宮後優子

特別協力　凸版印刷株式会社 印刷博物館

乱丁・落丁本は、小社業務部宛にお送りください。小社送料負担にてお取り替え致します。
著作権法上、本書掲載の写真・図・文の無断転載・借用・複製は禁じられています。
本書のコピー、スキャン、デジタル化等の無断複製は著作権法上の例外を除き禁じられています。
本書を代行業者等の第三者に依頼してスキャンやデジタル化することは、
たとえ個人や家庭内での利用であっても著作権法上認められておりません。

ISBN978-4-7661-2393-7 C0070
©Graphicsha Co., Ltd. 2012 Printed in Japan